미국 고등학교 교환학생 100문 100답

미국 고등학교 교환학생 100문 100답

초판 1쇄 발행   2015년   3월 20일
3쇄 발행   2019년 10월   10일

지은이   손재호
펴낸이   조선우
펴낸곳   책읽는귀족

등록   2012년 2월 17일 제396-2012-000041호
주소   경기도 고양시 일산서구 대산로 123, 현대프라자 342호
(주엽동, K일산비즈니스센터)
전화   031-944-6907 | **팩스**   031-944-6908
홈페이지 www.noblewithbooks.com | **E-mail** idea444@naver.com

책임 편집 조선우
표지 디자인 twoes | **본문 디자인** 아베끄

값 12,000원 | **ISBN** 978-89-97863-31-0 (43740)

이 도서의 국립중앙도서관 출판시도서목록(CIP)은 서지정보유통지원시스템 홈페이지
(http://seoji.nl.go.kr)와 국가자료공동목록시스템(http://www.nl.go.kr/kolisnet)에서
이용하실 수 있습니다.(CIP제어번호: CIP2015004935)

미국 국무부가 주관하는 교환학생의 자격과 조건 마스터

미국 고등학교 교환학생

100문 100답

손재호 지음

청소년들이여,
마음껏 미래를 꿈꾸어라!

미래교육연구소장 **이강렬 박사**

"꿈은 그 꿈을 꾸는 사람의 것"이라고 했다.

청소년과 노·장년의 차이는 미래에 대한 꿈을 꾸고 있느냐를 갖고 구분할 수 있다. 청소년들은 미래를 이야기하고 노·장년은 과거를 이야기한다. 필자가 다시 청소년기로 돌아갈 수 있다면 가장 하고 싶은 일 가운데 하나는 넓은 세상을 체험하는 것이다. 세계 여러 나라를 여행하고 싶다. 그리고 지금보다 더 영어를 잘하고 싶다. 청소년들의 특권은 '모험(Adventure)'을 할 수 있다는 것이다. 마음껏 미래를 꿈꿀 수 있다는 것이다.

필자가 모 신문사 편집국장이었던 2002년에 처음 미국 교환학생을 접하게 됐다. 당시 고등학교 1학년이었던 필자의 딸이 어느 날 "아빠, 미국 교환학생 프로그램이라는 것이 있는데 저도 이 프로그램으로 미국에 공부하러 가면 안 되나요?"라고 물었다. 아이의 이야기를 듣고 나름대로 정보를 수집한 필자는 2003년 1월에 미국 교환학생으로 딸아이를 미국 사우스 캐롤라이나 주 머틀비치 공립 고등학교로 보냈다.

우여곡절도 많았다. 홈스테이를 세 번이나 옮겼다. 아이는 울기도 많이 울었다. 호스트 맘과 갈등도 빚었다. 필자는 아이가 힘들어할 때마다 "지금의 어려움을 못 견디면 나중에 더 큰 시련을 이길 수 없다"며 용기를 주었다.

필자의 딸은 미국 교환학생 프로그램을 마치고 미국 사립 고등학교로 옮겨 미국 아이오와 대학에 진학했다. 미국 대학 졸업 후 노르웨이 오슬로 대학원을 졸업해 지금은 전문 직종에서 일하며 노르웨이에서 결혼을 하고 산다. 딸아이가 이렇게 국제적 안목을 가지고 넓은 세상에서 활동하게 된 것은 고등학교 때 떠난 미국 교환학생 프로그램 때문이다.

매년 교환학생 프로그램으로 1,400여 명의 한국 중·고등학교 학생들이 떠난다. 그런 우리 아이들이 자랑스럽다. 또한 낯선 외국 아이를 가족의 일원으로 받아들여 1년간 먹여주고 재워주는 미국인 자원봉사자들도 존경스럽다.

언어는 경쟁력이다. 특히 영어는 전 세계에서 가장 많이 사용하는 언어이고 인터넷상의 표준어가 되었다. 전 세계 인터넷 서버에 담긴 정보의 70에서 80퍼센트가 영어다. 청소년들이 비교적 저렴한 비용으로 미국 문화 속에 들어가 영어라는 경쟁력을 확보하고 세계에 대한 안목을 넓힐 수 있다는 점에서 미국 교환학생 프로그램은 매력적이다. 가난한 아빠들에게 미국 교환학생프로그램 참가 비용이 결코 작은 것이 아니지만 다른 사교육 영어캠프 프로그램과 비교할 때 상대적으로 저렴하다. 대부분 대학생들이 한번쯤은 어학연수를 떠난다. 이것을 중·고등학교 시절, 언어 중추가 굳기 전에 미리 떠난다고 생각하면 훨씬 효율적이다.

애임하이교육의 손재호 대표가 그동안의 경험을 오롯이 담은 『미국 고등학교 교환학생 100문 100답』 출간이 반갑다. 미래를 꿈꾸며 세계로 나가려는 학생들에게 '등대'와 같은 역할을 하길 기대한다. 우리 미래는 청소년들에게 달려 있다. 많은 청소년들이 이 책을 통해 국제적 안목을 키우고 이 나라 동량이 됐으면 하는 바람을 갖는다.

미래의 직장에서는
소통력과 글로벌 마인드,
도전정신이 더 필요하다

원텍정보 **황영헌 대표이사**

(전 KT연구소 상무. 2남 1녀를 모두 미국 교환학생으로 보내
첫째 규준이는 현재 세인트루이스대학교 4학년, 둘째 다솜이는 국민대 실내디자인과 3학년,
셋째 규승이는 미국 캔자스 과학고 3학년에 재학 중이다.)

내가 좋아하는 친구, 손재호 대표에게 심한 배신감을 느끼며 이 글을 쓴다.

나는 나의 세 자녀를 손 대표를 통해 미국으로 교환학생을 떠나 보냈다.

매번 경험하는 생경함과 혼돈스러움에 겨우 익숙해질 때 즈음 이제 막내의 교환학생도 끝이 났다.

그때 이런 책이 있었으면 얼마나 큰 도움이 되었을까, 진즉에 이런 책을 내게 소개해 주었다면 훨씬 편하고, 안심하면서 자녀들을 보낼 수 있었을 텐데 하는 생각이 든다.

그러면서도 한편 고마운 마음도 든다.

영화를 볼 때 줄거리를 몰라야 더욱 흥미진진한 것처럼 스포일러와 같은 이런 책이 없었기 때문에 나와 우리 아이들은 더욱 드라마틱한 교환학생 기간을 경험할 수 있었다고 생각하니 말이다.

사실 대부분의 학생과 부모들에게 일 년이라는 기간 동안 멀리 떨어져 생활하는 것은 두렵고, 망설여지는 결정일 수밖에 없다.

특히 언어도, 문화도 판이한 미국 땅에 온실 속에 곱게 키워온 아들, 딸을 보내기는 쉽지 않다. 또한 자녀 입장에서도 익숙한 환경, 친구들을 떠나는 길이 조심스럽기는 마찬가지이다.

그럼에도 불구하고 교환학생 경험이 주는 유익함을 알고, 그러한 불안함을 이겨내는 결정을 하는 경우도 많이 있지만, 불안함으로 인해 마지막 문턱에서 교환학생의 길을 포기하는 경우가 많다고 알고 있다.

결국 (물론 경제적인 이유도 크긴 하지만) 유익과 불안의 상대적인 크기가 선택을 가르는 중요한 기준이 된다.

교환학생의 유익에 대해서는 이 책에서도 잘 언급하고 있지만 다가오는 미래의 직장에서는 소통력과 글로벌 마인드, 그리고 도전정신의 중요성이 더욱 강조되고 있다. 따라서 부모의 보호를 받으면서 한국에서 살아가는 학생들에 비해 일 년이라는 교환학생 기간을 경험한 학생들이 훨씬 경쟁력이 높아질 수밖에 없다고 생각한다면, 교환학생의 유익은 더욱 커지고 있다.

남는 것은 불안인데, 불안의 수위를 낮춰줄 수 있는 책은 제대로 된 매뉴얼과 선배들의 경험담이 아닐까.

나의 아들 황규준과 딸 황다솜이 쓴 교환학생 체험기 『미국, 넌 내 거다』, 『얘들아, 창의성이 밥 먹여준대!』를 비롯하여 선배들의 경험담은 많이 출간되었지만 그 동안 체계적인 매뉴얼은 없었다. 이제 오랜 기간 많은 학생들을 교환학생으로 보내면서 축적한 지식, 아니 지혜를 담아 손대표가 쓴 이 책은 교환학생을 망설이는 많은 학생과 부모들에게, 그리고 과감히 새로운 세계를 향하여 떠나는 학생들과 떠나보내는 부모들에게 든든한 참고서가 되리라 생각한다.

그리하여 교환학생에 대한 불안감이 줄어들고, 점차 늘어나고 있는 유익을 비교하여 과감히 부모의 품을 떠나는 용감한 학생들, 과감히 떠나보내는 지혜로운 부모들이 많이 늘었으면 좋겠다.

얼마나 준비하고 계획하느냐에 따라
그 결과는 하늘과 땅 차이다

이화여대 국제학부 2학년 **박주영**
(2010년 고교 1년 때 미국 교환학생 참가, 용인외고 졸업.)

6개월, 혹은 10개월이라는 시간은 사실 주변 환경이나 상황에 큰 변화가 생기지 않는 한 순식간에 지나가는 시간이다. 특히 중·고등학생들에게는 한 학기, 한 학년에 해당하는 시간이다. 하지만 그 시간을 다른 나라에서 보낸다면 어떨까?

환경과 상황이 크게 달라지는 만큼 신경을 써서 준비해야 할 것도 많고, 그리 긴 기간이 아니기에 최대한 빨리 적응해야 한다는 부담도 크다. 또 다시 복귀했을 때 그 시간을 투자한 만큼 빛을 발해야 한다는 책임감도 따른다.

처음 미국 교환학생 프로그램에 대해 관심을 가지고 알아보던 시절 어머니와 내가 수없이 고민했던 이유도 바로 여기에 있었다. 고등학교 1학년 1학기를 한국에서 마치고 미국 교환학생 프로그램에 참가하려는 계획을 세웠다. 중학교 졸업식이 끝난 이후부터 이 프로그램에 대해 알아보기 시작했다. 그런데 교환학생 프로그램의 좋은 취지와 좋은 사례들을 아무리 보아도 확신이 서지 않았다.

그러던 와중에 이 책의 저자인 손재호 대표님을 만나게 되었다. 대표님께서는 SLEP 테스트를 치르고 호스트와 학교 배정을 위한 서류 준비를 도와주시는 것에 그치지 않고, 교환학생 프로그램에 참가했을 때 더 좋은 성과를 내기 위한 사전 교육 프로그램도 마련 해주셨다. 또 귀국 후 대학 진학을 위한 준비에 부담을 느끼던 나와 부모님의 마음을 헤아려 어떠한 방향으로 준비하면 좋을지 대책도 제시해주셨다.

덕분에 나와 부모님은 교환학생 프로그램에 참가하는 것으로 마음을 굳힐 수 있게 되었고, 교환학생 프로그램을 마친 지 4년이 지난 지금도 그때 이런 좋은 프로그램에 참여하게 해 주신 대표님께 감사하고 있다.

『미국 고등학교 교환학생 100문 100답』은 당시 17살의 내가, 그리고 부모님이 했던 걱정을 지금 그대로 안고 계신 수많은 독자 여러분께 조금 더 확실한 방향을 제시해 줄 수 있을 것이다. 또 미국 교환학생 프로그램에 대해 전혀 모르는 사람들에게는 이에 대해 알게 되고, 참가까지 고려해보게 되는 좋은 계기가 될 것이다.

미국 교환학생 프로그램은 영어실력 향상이 최우선 목표인 어학연수와는 분명히 다르다. 유학과도 물론 다르다. 얼마나 준비하고 또 얼마나 계획하고 참가하느냐에 따라 그 결과는 하늘과 땅 차이다. 관련 정보의 축적과 준비 과정에 따라 어학연수나 유학보다 훨씬 좋을 수도 있고, 그에 미치지 못할 수도 있다.

미국 교환학생 프로그램에 대해 알아가고자 하는 분들, 그리고 미국 교환학생 프로그램에 참가하기로 마음을 먹고 조금 더 구체적인 계획을 세워보고자 하는 분들께 이 책은 분명 큰 도움이 될 것이라고 믿는다.

교환학생은 '영어'와 '글로벌한 체험'을 위한 여행이다

미국 교환학생을 소개해 온 지 12년이 지났다. 나를 통해서 미국 교환학생을 알게 되고, 참가한 학생이 500명을 넘었다. 지금쯤 나의 지식을 정리해 두어야겠다고 느꼈다. 인터넷을 뒤지면 넘쳐나는 정보들! 하지만 나무, 나무들만 보여주고 산을 보여주지 못한다. 이 책이 '교환학생'에 대하여 고민하는 이들에게 산을 보여주는 참고서가 되었으면 한다.

나는 예전에 방송국에서 PD로 근무했다. 해외출장을 갈 때마다 현지 통역가이드를 고용해야 했다. 그때마다 짧은 영어 실력 때문에 답답했다. 영어는 학벌보다 더 절실했다. 또한 미국, 싱가포르에서 다양한 인종, 민족들이 어울려 선진문화를 누리는 걸 보면서 충

격을 받았다. 나는 얼마나 우물 안 개구리였던가!

문제는 '영어'와 '글로벌한 경험'의 부족에 있었다.

이 두 가지에 대하여 청소년기에 눈을 떴더라면 나는 좀 더 큰 꿈을 품었을 것 같다. 상상의 나래를 좀 더 펴보자면 멋진 외교관이나 비즈니스맨이 되지 않았을까?

미국 교환학생을 우리 청소년들에게 알리려는 것은 나의 청소년기에 대한 후회가 담겨 있다.

살벌한 입시전쟁 때문에 눈앞의 시험, 친구와의 경쟁에만 몰두해 예민하게 사춘기를 보낸다면 슬픈 일이다. 교환학생은 영어만이 목적이 아니다. 큰 세상을 알게 하는 즐거운 문화교류 프로그램이다. 세상이 얼마나 넓고, 멋있으며, 그 가운데 내가 할 일이 얼마나 많은지를 깨닫게 된다.

10년 전에 미국 교환학생에 참가한 청소년들이 이제 어엿한 사회의 구성원으로 자라났다. 많은 친구들이 글로벌 대기업에 취업하고 또 자신감 있게 자기 인생을 열어 가고 있다. 그 소식을 들을 때마다 느끼는 기쁨은 정말 크다. 남들이 두려워하며 우물 안에 갇혀 있을 때 넓은 세상을 향해 떠난 개척자들이다. 그들의 도전이 큰 열매로 수확되는 것을 보면서 나는 점점 교환학생 예찬론자가 되어간다.

이 책을 계기로 더 많은 청소년들이 도전과 꿈을 찾는 '뉴프론티어'가 되어 주기 바란다. 책을 만드는 동안 어느덧 중3, 예비 교환 학생이 된 딸 하진이에게 더불어 좋은 선물이 되었으면 한다. 자료 준비에 도움을 준 정경은 대리에게도 고마움을 전한다.

2015년 2월
애임하이교육(주) 강남 사무실에서
손재호

The United States of America

미국 고등학교
교환학생
100문
100답

미국 교환학생이란 무엇인가요?

★　교환학생이란 전 세계 청소년을 대상으로 미국 국무부에서 실시하는 청소년 문화교류 프로그램입니다. 1961년 상원의원인 풀브라이트 의원의 제안에 따라 제정된 교육문화상호교류법(Mutual Educational and Cultural Exchange Act)에 근거를 두고 있습니다.

세계 각국의 중·고등학생들(Secondrary school students)은 자원봉사 미국인 가정(Host Family)에서 지내며, 공립 또는 사립학교에서 한 학기 또는 1년 동안 현지 학생들과 동일하게 정규 수업 및 기타 다양한 활동에 참여하게 됩니다. 또한 성적 및 재학증명서도 발급받습니다.

이런 환경 속에서 학생들은 자연스럽게 미국의 교육과 문화 및 사고방식을 경험하게 됩니다. 또한 미국 정부는 자국의 문화를 전달할 수 있는 공식적인 프로그램입니다.

Key Word & Tip

풀 브라이트(J. William Fulbright, 1905–1995)

미국의 정치가. 아칸소대학 총장. 상원의원 역임. 세계 각국과 미국과의 동맹 관계에 많은 공헌을 하였다. 특히 풀브라이트 장학재단을 설립하여 동맹국 학생, 학자들이 장학금으로 미국 유학을 하는 데 공헌을 하였다.

교환학생에 참가하는
학생 수는
얼마나 되나요?
세계 각국 기준으로도
알고 싶어요.

★   2013~14년 미국교환학생협의회(CSIET) 통계에 따르면 한국
학생의 경우 J-1 853명, F-1 586명, 총1,439명이 교환학생으로
참가하고 있습니다. 참고로 세계 각국을 기준으로 미국 교환학생
참가자 수를 그래프로 나타내면 다음과 같습니다.

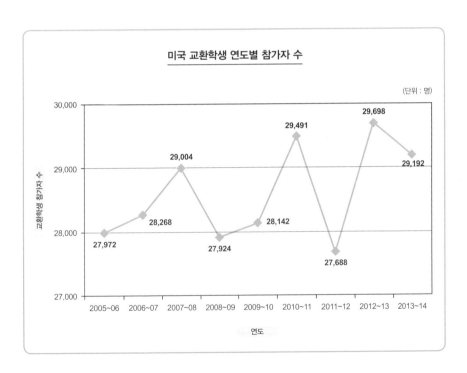

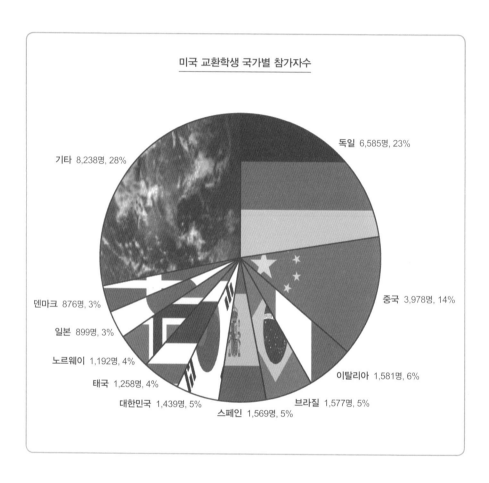

미국 교환학생 국가별 참가자수

기타 8,238명, 28%

독일 6,585명, 23%

중국 3,978명, 14%

덴마크 876명, 3%

일본 899명, 3%

노르웨이 1,192명, 4%

태국 1,258명, 4%

대한민국 1,439명, 5%

스페인 1,569명, 5%

브라질 1,577명, 5%

이탈리아 1,581명, 6%

The United States of America

Q ★ 003

교환학생 프로그램의
장점은 무엇인가요?

BRANFORD HIGH SCHOOL

★ 　교환학생은 미국 국무부의 규정 하에 진행되는 프로그램으로 엄격한 규칙 속에서 학생들이 생활하게 됩니다.

따라서 첫 번째 장점은 매우 안전하다는 것입니다. 국무부의 위임을 받은 교환학생 재단의 지역관리자, 그리고 홈스테이 가정, 학교까지 3기관의 삼중 관리 하에 유학생활을 하는 셈이니 개인적인 유학에 비하여 훨씬 철저히 학생관리가 되는 것입니다.

둘째 장점은 영어공부의 효과가 높다는 것입니다. 교환학생은 주로 중·소도시 학교에 배정되는 만큼 대도시처럼 한국 학생 비율이 높지 않습니다. 따라서 학교에서 한국 학생을 만나는 일이 없고, 교환학생은 재미교포의 가정에 배정되는 일이 없이 미국인 가정에서 생활하기 때문에 '영어몰입 환경'에서 생활하여 학생의 영어실력 향상에 최적의 환경입니다.

셋째 장점은 저렴하다는 것입니다. 공립학교로 배정되었을 경우 학비가 무료이고, 자원봉사 가정에서 생활하기 때문에 무료로 기본적인 숙식이 해결됨으로써 1천만 원대의 저렴한 비용으로 1년 유학이 가능합니다.

넷째 장점은 독립심을 기른다는 것입니다. 교환학생은 더 이상 한국에서처럼 부모님께 모든 결정을 맡기는 어린 아이가 아닙니다. 학교, 지역사회의 일원으로서 자신의 역할에 대하여 스스로 판단하고 결정하는 주체가 됩니다. 그렇게 일 년을 지내고 돌아오면 대부분 독립심이 강한 청소년으로 변하게 됩니다.

그밖에 글로벌한 안목이 커지는 점, 창의적인 사고력의 발달 등의 장점을 꼽을 수 있겠습니다.

교환학생 프로그램의 단점은 무엇인가요?

★   단점은 J-1 VISA(문화교류비자)이므로 1학기 또는 2학기 동안만 체류가 허용된다는 것입니다. 즉 여름학기에 출국할 경우에는 10개월, 겨울학기에 출국할 경우에는 12개월까지만 체류가 허용됩니다. 계속적인 연장이 불가능하며 원하는 지역, 학교, 호스트패밀리 선택권이 없습니다. 때로는 알래스카나 하와이로 배정될 수도 있습니다.

백인가정에 배정될 수도 있지만 흑인(African American)가정에 배정될 때도 있습니다. 흑인(African American) 가정 혹은 아시안계, 라틴계 가정에 배정될 수도 있습니다. 가정에서 영어를 사용하는 미국인 가정은 모두 호스트 가정이 될 수 있는 것입니다. 지역적 · 인종적 편견으로 호스트 배정을 거부할 수 없습니다.

또한 싱글맘(Single Mom) 가정에 배정될 수도 있으며, 할아버지나 할머니 가정에 배정될 수도 있습니다.

따라서 어떤 가정에 배정되더라도 받아들이고 참가하겠다는 오픈 마인드가 필수적입니다.

Q ★ 005

교환학생과
일반 유학의 차이는
무엇인가요?

★　이해하기 쉽도록 아래 표와 같이 '교환학생'과 '일반 조기유학'과의 차이를 정리해 봅니다.

시간	교환학생	일반 유학
참가 기간	J-1 비자로 1년만 가능	F-1 비자로 다년간 가능
학비	무료(공립 배정시)	유료(데이스쿨 10,000불 이상 / 보딩스쿨 30,000불 이상)
숙식	무료 홈스테이	유료 홈스테이 또는 기숙사
학생 관리 책임	미국 재단	학교 / 가디언
귀국 후 진로	1. 일반 사립학교 또는 사립 교환으로 전환 가능. 2. 국내 학교로 복귀	1. 같은 학교에 계속 공부할 수 있음. 또는 다른 학교로 전환 가능. 2. 국내 학교로 복귀.

교환학생 참가 시기는 언제가 좋을까요?

★   교환학생으로 참가를 희망하는 학생은 미국 입국일을 기준으로 만 15세부터 18.5세가 되어야만 참가할 수 있습니다. 우리나라 학생들의 학년을 기준으로 생각한다면 대략 중3부터 고3 사이라고 할 수 있습니다.

9월 학기 기준으로 보면 중3이라도 생일이 8월 이후 생이면 참가 연령이 안 됩니다.(2015년 9월 학기를 기준으로 생각하면 2000년 8월 이전 생이라야 중3 1학기를 마치고 참가할 수 있습니다).

그렇다면 중3때, 고1때, 고2때 중에서 언제 참가하는 게 좋을까요?

정답은 없습니다. 하지만 학생이 가고자 하는 동기가 강할 때가 최적의 시기라고 할 수 있고, 동기가 강하다면 기본적으로 일찍 참가할수록 유리하다고 봅니다. 고2보다는 고1, 고1 보다는 중3때 참가하는 게 좋다고 생각됩니다. 왜냐하면 참가 후 대학입시 준비를 위해서 시간적으로도 여유롭고, 재유학 등 선택할 수 있는 경로가 일찍 참가한 학생일수록 많기 때문입니다.

요즘 학생들은 영어 능력도 많이 향상되어 영어 능력 때문에 고1 이후로 미뤄지는 학생은 많지 않습니다. 다만 학생의 성숙도(maturity)가 부족하여 중3때 참가하기를 주저하는 경우는 많습니다.

즉 부모님의 곁을 떠나서 독립적으로 생활하기에 중3은 아직 어리다고 판단되는 경우에는 고1때 참가하는 것이 좋을 수 있습니다.

Q ★ 007

고3인 경우에도 교환학생 참가가 가능한가요?

★ 교환학생은 11학년 이상을 마치지 않아야 한다고 되어 있습니다.(not have finished more than 11th grade). 즉 12학년을 마치면 참가 자격이 없습니다. 미국식 학제인 나라 즉 9월에 시작하는 학기를 택한 나라라면 지원 시점이 12학년이라면 결국 12학년을 마치고 미국에 들어가는 상황이 되기 때문에 12학년은 지원할 수 없습니다.

그러나 한국 고3은 12학년 1학기 중에 지원하는 것이므로 고3 1학기를 마치고 미국에 입국하는 형태가 됩니다. 그러므로 12학년을 마치지 않고 가는 것이니 참가가 가능합니다.

이렇듯 현실적으로 고3은 국무부 법상으로는 참가가 가능합니다. 하지만 이 프로그램을 운용하는 미국 재단들이 18세 이상의 학생 참가를 환영하지 않는 문제가 있습니다. 그 이유는 18세 이상이 되면 미국법상 성년에 해당되므로 학생관리가 어렵기 때문입니다.

따라서 18세 이상, 고3인 학생들은 미리 미국 교환학생 재단의 정책을 잘 확인하고 지원하여야 합니다.

제가 다닐 학교의 한국 학생 수는 어느 정도인가요?

★ 교환학생의 목적은 순수한 미국 문화를 체험하기 위한 것입니다. 따라서 교환학생은 국제화된 대도시가 아니라 미국적인 전통과 문화가 많이 남아 있는 중소도시에 주로 배정됩니다.

미국 중소도시에는 한국 교포가 많지 않기 때문에 한국 학생이 많지 않을 것으로 예상하면 됩니다. 그러나 간혹 미국 동부지역으로 배정되는 경우, 학교에서 상당수의 한국 학생을 만나는 경우도 있습니다. 하지만 같은 학교에 교환학생으로 오는 한국학생이 많을 확률은 낮습니다.

Key Word & Tip

한국 교포가 많이 사는 지역

캘리포니아 45만 명, 뉴욕 14만 명, 뉴저지 9.5만 명, 버지니아 7만 명, 텍사스 6.8만 명, 워싱턴 6.2만 명, 일리노이 6.5만 명, 조지아 5.2만 명, 메릴랜드 4.9만 명, 펜실베이니아 4.1만 명 등이다.(2010년 미국 인구 통계 기준)

교환학생에 지원하려면 학교 성적은 어느 정도 되어야 하나요?

★ 미국 기관에서 요구하는 정확한 성적 제한은 평균 "미" 이상 입니다.

프로그램 진행 전 최근 3년간의 성적을 모두 참고하며 특히 영어 성적을 중요하게 생각합니다.

다소 성적이 부족한 경우는 본인의 프로그램 참가 의지가 담겨 있는 변명 레터와 부족한 과목 선생님들의 추천서를 첨부하면 좋습니다. 그 자료들을 통해 충분한 설명을 한다면 미국 기관에서도 그 내용에 대해 참고를 합니다.

그러므로 프로그램 진행 담당자와 충분히 본인의 상황 설명과 상담을 하시면 많은 도움을 받을 수 있습니다. 하지만 무엇보다도 본인의 의지가 중요합니다.

한국에서
다니던 학교는
어떻게 하나요?

★ 　교환학생으로 참가하기 위해서는 한국에서의 학교는 자퇴를 해야 합니다. 그러나 미국 비자를 받고 미국으로 출국이 결정되기 전까지는 자퇴를 해서는 안 됩니다.

간혹 "휴학을 하고 떠나면 안 되나요?"라고 질문하는 부모님이 많습니다만 교환학생은 유학에 해당되기 때문에 휴학 사유에 해당되지 않습니다. 그렇지만 학교 부적응 등으로 자퇴하는 경우와 다르기 때문에 꺼림칙하게 생각하실 필요가 없습니다. 모든 유학생은 자퇴 절차를 거치게 되기 때문입니다.

자퇴를 할 경우 비자가 거절되는 경우가 있으므로 유의하셔야 합니다. 그러므로 자퇴는 출국 후에 합니다. 한국의 고등학교를 다닐 경우를 대비하여 해당 학교에 귀국 후 복학의 가능성을 열어 놓고 교환학생 참가 전 해당 학교장의 교환유학생에 대한 학교의 입학 방침이 어떤지를 확인하는 것도 좋은 방법입니다.

외국에서 공부 중인 중·고등학생도 교환학생이 가능한가요?

★   외국의 학교에 재학 중인 학생도 교환학생 참가가 가능합니다. 예를 들어 부모님께서 해외주재원으로 나가셔서 중국이나 베트남 등의 국제학교에 재학 중인 학생, 개인적인 유학으로 호주, 뉴질랜드, 필리핀 등의 학교에서 유학 중인 학생도 미국 교환학생 참가가 가능합니다.

단, 교환학생 신청은 자기 나라 에이전트를 통해서 미국 재단으로 신청해야 합니다.

따라서 교환학생 초청장 DS2019가 발급되면 한국으로 귀국하여 미국 대사관에서 비자 인터뷰를 진행하여야 합니다.

형제가 같이
참가할 수도
있나요?

★ 교환학생은 국무부가 요구하는 조건만 맞으면 형제가 같이 참여한다고 해서 어떤 제한을 두지는 않습니다. 그러나 형제가 같이 참여하므로 같은 지역에 배정해달라거나, 같은 홈스테이 가정에 배정해 달라는 경우는 받아들여지지 않습니다.

오히려 형제이기 때문에 서로 다른 지역으로 배정하여 다양한 문화체험의 기회를 제공합니다. 과거 필자의 유학원에서 쌍둥이 자매가 교환학생에 참여하였는데 언니는 시애틀 부근, 동생은 뉴욕 부근으로 배정되었습니다. 즉 서부와 동부로 극과 극의 위치에 배정된 사례입니다.

SLEP 테스트는 무엇인가요?

★ 전 세계적인 교육 평가 전문기관이자 TOEFL(Test of English for Foreign Language) 시험의 주관자인 ETS(Educational Testing Service)에서 영어를 모국어로 사용하지 않는 나라의 중·고등학교 학생을 대상으로 개발한 신뢰성이 검증된 영어 능력 평가 시험입니다.

SLEP Test는 미국의 중·고등학교뿐만이 아니라 전 세계 영어 교육기관에서 입학 예정자와 학교 지원자를 대상으로 기본 영어 사용 능력을 판가름하는 기준으로 사용되고 있습니다.

SLEP Test 성적을 기준으로 희망하는 학교와 반을 편성하고 있습니다. 또한 TOEFL이나 TOEIC과 같은 시험과 비교하여 응시자의 영어능력을 평가해 볼 수 있습니다.

SLEP Test는 "교환학생 프로그램"의 선발 기준으로 적용되며 대부분의 교환학생 재단이 67점 만점에 45점 이상의 성적을 요구하고 있습니다. SLEP Test는 듣기와 독해의 두 부분으로 나누어져 있습니다. 듣기 74문항, 독해 71문항 등 총 145 문항을 90분에 걸쳐 치르게 됩니다. 2015년 현재 미국교환학생협의회(CSIET)에서는 새로운 시험인 ELTiS를 사용하지만 아직도 미국의 많은 기숙사 학교 및 사립학교들이 SLEP 시험 성적을 인정합니다.

ELTiS는
어떤 시험인가요?

★ 슬렙 시험이 폐지됨에 따라 교환학생 혹은 중·고교생 조기 유학 영어능력 시험으로 ELTiS를 채택하는 학교들이 늘어나고 있습니다.

이 ELTiS는 미국교환학생협의회(CSIET)에서 공식적으로 채택한 시험입니다. 리스닝 24문항, 리딩 26문항 등 총 50문항이며, 시험 소요시간은 약 70분입니다.

ELTiS(English Language Test for international Students)는 Ballard & Tighe라는 미국의 영어 교재 출판사에서 개발된 테스트 유형입니다. 슬렙 문제집 발행이 중단됨에 따라 미국교환학생협의회(CSIET)에서 대체시험으로 승인한 테스트 유형입니다. 교환학생 재단 뿐만 아니라 유학생을 받아들이는 많은 미국 학교에서도 ELTiS 시험으로 대체해 가는 경향입니다.

슬렙보다 훨씬 더 학교생활에 밀접한 문제들로 구성되어 있어 실용적인 시험입니다.

ELTiS 시험은 듣기(Listening)와 읽기(Reading) 두 파트로 구성되어 있습니다.

듣기 영역 24문항, 읽기 영역 26문항으로 구성되어 있으며 Form 1, Form 2 두 가지 유형이 있습니다.

환산점수(Standard Score) 기준으로 Form 1은 260점이 만점이며 Form 2는 300점이 만점입니다. Form 1, 2 어느 유형을 보든 환산점수 212점에서 222점 이상을 교환학생 선발 기준으로 택하는 재단이 많습니다.(과거 슬렙 45-50점에 해당)

과거의 슬렙시험과 ELTiS시험 성적을 비교표로 나타내면 다음과 같습니다.

Key Word & Tip

ELTiS 시험 정보

ELTiS : English Language Test for International Students

테스트 구성

• Listening :

Part 1) Follow Classroom Directions

Part 2) Comprehend Mathematical Language

Part 3) Understand Classroom Dialogue

Part 4) Listen and Respond to Academic Lectures

• Reading :

Part 1) Demonstrate Vocabulary Knowledge

Part 2) Read a Graph

Part 3) Read and Respond to Academic Texts

ELTiS SCORES WITH SLEP EQUIVALENTS

The ELTiS-SLEP equating study has been completed. Thanks to the 1,152 participating students from 21 different countries, we can now say that the old SLEP cut score of 50 corresponds to an ELTiS standard score of **222** or higher, while the old SLEP cut score of 45 corresponds to an ELTiS standard score of **212** or higher.

As with the SLEP, the ELTiS raw scores (the number correct) must be converted to standard scores to equalize small differences in difficulty between different test forms, so that the same decision rule is applied to all students regardless of which test form they were administered. It is very important to use the correct table for converting raw scores to standard scores because the tables are slightly different for the ELTiS Form 1 and the ELTiS Form 2.

A report of the equating study with more information about the results is available from Ballard & Tighe. E-mail Melissa Cortez at mcortez@ballard-tighe.com to request a PDF copy.

To score the ELTiS, do the following:
1. Add up the student's number correct score in the Listening section (max 24).
2. Add up the student's number correct score in the Reading section (max 26).
3. Add these two number correct scores together. This is the student's total ELTiS raw score (max 50).
4. Use one of the two tables below to convert the student's total ELTiS raw score to the student's ELTiS standard score. Take care to use the correct table (Table 1 for ELTiS Form 1 and Table 2 for ELTiS Form 2) so that the scoring is fair regardless of which test form the student took. Then look at Table 3, which shows the correspondences between ELTiS standard scores and SLEP scaled scores. (The terms "standard score" and "scaled score" are used interchangeably to refer to a fair score reporting scale.)

For example, if Student A took ELTiS Form 1 and got 20 items correct in listening and 20 items correct in reading, the student's total ELTiS raw score would be 20+20=40. Since the student took ELTiS Form 1, we need to look at Table 1 for the score conversion. Student A's ELTiS standard score is 215. If Student B took ELTiS Form 2 and answered the same number of items correct in each section, Student B's total ELTiS raw score would be the same, 40, but we now look at Table 2 for the score conversion. Student B's ELTiS standard score is 230. Then, looking at Table 3, we see that the SLEP equivalent of ELTiS standard score 215 is 47, while the SLEP equivalent of ELTiS standard score 230 is 54.

Tables 1 and 2 on the next page include score conversions from ELTiS raw scores (or number correct scores) to ELTiS standard scores. Table 1 is for ELTiS Form 1, while Table 2 is for ELTiS Form 2. Remember to use the ELTiS standard score to guide decisions about students to ensure that all students are treated fairly.

Table 3 is the same for both ELTiS forms and all the most recent SLEP forms. It shows that, for example, if your organization used a SLEP cut of 50, the corresponding ELTiS standard score requirement is 222 or higher; and if your organization used a SLEP cut of 45, the corresponding ELTiS standard score requirement is 212 or higher. More detailed information about the score correspondences can be found in Table 3.

Ballard Tighe

ELTiS시험 채점 안내

TABLE 1: ELTiS Form 1 Total Raw Score (= total number correct score) Conversion

ELTiS Form 1 raw score	ELTiS standard score	ELTiS Form 1 raw score	ELTiS standard score	ELTiS Form 1 raw score	ELTiS standard score
0	100	17	179	34	203
1	119	18	181	35	205
2	131	19	182	36	207
3	139	20	184	37	209
4	145	21	185	38	210
5	150	22	187	39	213
6	154	23	188	40	215
7	158	24	189	41	217
8	160	25	191	42	220
9	163	26	192	43	223
10	166	27	194	44	226
11	169	28	194	45	230
12	170	29	196	46	233
13	173	30	197	47	238
14	175	31	199	48	242
15	176	32	200	49	251
16	178	33	201	50	265

TABLE 2: ELTiS Form 2 Total Raw Score (= total number correct score) Conversion

ELTiS Form 2 raw score	ELTiS standard score	ELTiS Form 2 raw score	ELTiS standard score	ELTiS Form 2 raw score	ELTiS standard score
0	100	17	185	34	216
1	122	18	187	35	218
2	135	19	189	36	220
3	143	20	191	37	222
4	149	21	193	38	224
5	154	22	194	39	227
6	158	23	196	40	230
7	161	24	198	41	232
8	165	25	200	42	235
9	168	26	201	43	239
10	170	27	203	44	242
11	173	28	205	45	246
12	175	29	207	46	251
13	177	30	209	47	257
14	179	31	210	48	265
15	182	32	212	49	278
16	184	33	214	50	300

ELTiS시험 성적 비교표

TABLE 3: ELTiS-SLEP standard score correspondences

ELTiS Range	SLEP Range
≤ 190	≤ 34
191-193	35-36
194-197	37-38
198-200	39-40
201-206	41-42
207-211	43-44
212-214	45-46
215-217	47-48
218-222	49-50
223-226	51-52
227-231	53-54
232-237	55-57
238-241	58-59
242-250	60-61
251-264	62-64
265 +	65+

The best correspondence for the old SLEP cut score of 50 is an ELTiS standard score of **222** or higher.
The best correspondence for the old SLEP cut score of 45 is an ELTiS standard score of **212** or higher.

ELTiS시험 성적 비교표

교환학생으로 미국 학교에 다니게 되면 미국 생활은 안전한가요?

★ 미국은 폭력이나 마약으로 문제가 되는 곳은 대도시의 제한된 지역인 경우가 많습니다.

교환학생이 배정되는 지역은 대부분 미국의 중소도시 지역으로서 대도시에 비하여 범죄율이 훨씬 낮은 곳입니다. 또한 대도시 인근에 배정되더라도 범죄와는 거리가 먼 안전한 주거지역에 100퍼센트 배정됩니다.

특히 교환학생은 미국 국무부의 엄격한 규칙 속에 생활하게 됩니다. 그 규정에는 음주, 흡연, 마약, 무분별한 이성교제 금지조항이 포함되어 있습니다. 또한, 미국 기관과 지역관리자, 학교 관계자, 호스트 패밀리가 중첩적으로 학생들의 생활을 관리·감독하고 있기 때문에 어떠한 프로그램보다 안전하게 학생들의 생활을 관리할 수 있습니다.

Q ★ 016

학교에서는
어떤 과목을
배우나요?

★ 교환학생은 미국 학생들과 똑같이 정규 교과목을 배우게 됩니다. 미국 고교는 9~12학년까지 4년 과정으로 되어 있습니다. 9학년을 Freshman, 10학년을 Sophomore, 11학년을 Junior, 12학년을 Senior라고 합니다.

영어, 수학, 과학, 역사 등 학년에 따라 필수 과목으로 6~7과목을 듣고, 제2외국어, 컴퓨터, 예체능 등 1과목 정도 선택 과목(Elective)을 듣게 됩니다.

한국처럼 모든 학생이 같은 과목을 듣는 것이 아니라 학생의 능력에 따라서 교과 이동 수업을 합니다. 예를 들어 영어는 9학년 과목을 듣지만 수학은 11학년과 함께 미적분(Calculus)을 들을 수도 있습니다.

교환학생은 학교 카운슬러와 잘 의논하여 자기에게 적합한 교과목을 들으면 됩니다. 학년 배정은 한국에서의 학년을 기준으로 배정하겠지만 경우에 따라서는 학교에 빈자리가 있는 학년으로 배정되는 수도 있습니다. 어떤 학년에 배정되더라도 국내로 복학할 때 문제가 되지는 않습니다.

특히 한국 학생들은 수학에 자신 있는 경우 대체로 본인 학년보다 상급 학년 과목을 듣는 경우가 많습니다.

9학년 (Freshman)	10학년 (Sophomore)	11학년 (Junior)	12학년 (Senior)
English 9 Algebra AB P.E. / Health World History I Music Elective	English 10 Pre Calculus 또는 Geometry Biology Human Geography Elective	English Composion Calculus Chemistry US History Elective	English Literature Calculus II Physics American Government Elective

　대부분의 공립학교들이 위 과목들에 대하여 AP, Honor 등 우수자를 위한 교과목도 개설해 두고 있습니다. 그러므로 영어권 국가 유학 경험이 있거나, 자신 있는 학생들은 좀 더 어려운 교과목을 신청해 들을 수 있습니다.

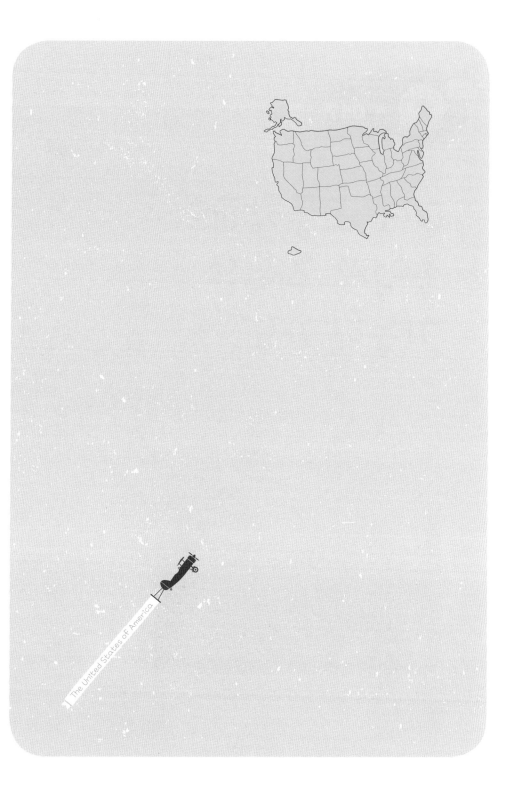

Q ★ 017

미국 고등학교의 졸업장 취득은 가능한가요?

★　교환학생으로서 미국 공립 고등학교에서 공부 후 졸업장을 보장해 줄 수는 없습니다.

　그러나 각 주의 고등학교에 따라서는 졸업장을 주는 곳도 있습니다. 그렇지 않을 경우는 수료증과 성적증명서를 주기도 합니다. 졸업장을 받지 못할 경우는 다시 사립 고등학교에 편입학하여 졸업장을 취득하게 됩니다.

Q ★ 018

호스트 패밀리는 어떻게 선정되나요?

★ 호스트 패밀리는 자원봉사 가정으로서 미국 국무부의 엄격한 심사기준에 따라서 선발됩니다. 운용하는 재단에 따라 약간의 차이는 있지만 대체로 지역신문, 교회, 커뮤니티센터 등에 교환학생 홈스테이 가정 모집 공고를 내고 이를 보고 지원하는 가정에 대하여 다음 두 가지를 점검합니다.

첫째, 가정 방문 조사 및 가족 구성원 인터뷰를 합니다. 이때 가족 구성원 모두가 홈스테이 취지에 공감하고 있는지 확인합니다.

둘째, 범죄기록을 조회합니다. 이때 호스트 가정의 구성원 중 누구라도 어떠한 범죄기록이 있을 경우 호스트 가정으로 선발될 수 없습니다.

The Garcie Family

application type: Standard
application submitted: 21 January 2015 by Ilovebosto

relationship	Father	occupation / job title	OSI Agent
first name			
middle name	R	mobile phone	
last name	Garcie	business phone	
former last name		email	
gender	Male	employer name / school name / NA	U S Air Force
date of birth			

relationship	Mother	occupation / job title	Domestic Violence Advocate
first name			
middle name	L	mobile phone	
last name	O'Connor	business phone	
former last name		email	
gender	Female	employer name / school name / NA	Peoples Place Safe progra
date of birth			

relationship	Son	occupation / job title	Student
first name			
middle name	J	mobile phone	
last name	Garcie	business phone	
former last name		email	
gender	Male	employer name / school name / NA	Milford High School
date of birth			

family address		telephone number	
	Milford	mobile phone	
	Delaware	fax number	
		email address	
Is there anyone not listed above who is living in your home full-time, part-time, or visits frequently?			Yes
If yes, please list and explain.			

High School

enter high school name, address and description

Milford High School   Milford Delaware
Public
August 25

how far is your home from the school?

3.0 miles

type of transportation provided

Bus

we encourage our students to get involved in school activities which many times are after school and on weekends. Busing and carpools are not always available. Would you be willing to provide or assist in securing transportation so the student may attend these activities?

yes

which, if any of your children, presently attend the school in which the exchange student would be enrolled? If applicable, please list any sports/clubs/activities in which your children participate.

호스트 가족 배정서 1

70

Dylan: Information Technology Club, assists in tutoring other students, cello & piano lesons

does any member of your household work for the high school in coaching/teaching/or administrative capacity?

no

has any member of your household had contact with a couch regarding the hosting of an exchange student with particular athletic ability? If yes, please describe the contact and the sport .

no

Hosting & Intercultural Experiences

how did you hear about this exchange opportunity?

school

why would you like to host an international student? what kind of involvement do you envision for an international student living in your home?

By hosting a foreign exchange student our family hopes too:
1) learn more about our community
2) build memories and form a life changing friendship
3) learn more about other cultures
4) share our culture and values so that the student returns home with new ideas about the United States that they share with their families, communities, and peers.

have you ever hosted before?   No

if yes, please indicate program(s), country(ies), and year(s).

are any second languages spoken by family members?   No

if yes, please indicate which one(s).

have any family members ever visited a foreign country?   No

if yes, which family member(s) and which country(ies).

Community

population Suburban

nearest city 88 miles

distance by car Baltimore International

briefly describe your community including points of historical, geographical, cultural, industrial, or recreational interests.

We are located in central Delaware. About 20 minutes from the beach. 20 minutes from the capital. Delaware is the 1st state so there is a number of historic sites to see. We have lakes to boat on and hiking trails. There are a number of festivals through out the year. We live with in 2 hours of Washington DC, Baltimore MD and Philadelphia. We live about 3 hours from New York City. Milford has a number of corn fields and farms in the outer limits of the town.

http://www.cityofmilford.com/

please describe the weather and climate your student can expect.

We have all four seasons in Delaware.

Please see the following website for the local climate:
http://www.usclimatedata.com/climate/dover/delaware/united-states/usde0012

Home

briefly describe your home (including number of rooms, bedrooms, yard, etc.) and your neighborhood.

Single family Cape Cod style home:
3 bedrooms
3 baths
10 total rooms
1.5 acres with a fenced in yard.

is your residence the site of a functioning business (daycare, home office, etc)? If yes, please describe the business.

no

please describe the neighborhood and indicate areas (if any) to avoid.

We live in a quite housing area. The houses are very well maintained. Our neighborhood has a multitude of professionals. For example, police officers, school counselor, business owners, nurses and teachers . Also, we have 6 retired couples and 13 or more teens that reside in the housing area. We are off the main roads. The school bus stops at the end of our drive way to pick up children. There isn't any areas in our neighborhood that need to be avoided.

호스트 가족 배정서 2

USA HIGH SCHOOL
Host Family Application

please describe your home's access to amenities and utilities

our home included electricity, heat, cable, internet. Our neighbors have an in-ground pool that we are allowed to use at any time. Our community has a number of fitness centers. We have a boys & girls club that offers activities. it also has a pool. All amenities are within 2 miles of our home. We live approximately 20 minutes from a number of state parks and the beach.

Our Family

please provide a brief description of each member of your family, including their interests, responsibilities and relationships with others.

Garcie (father)
interests: hiking, kayaking, biking, swimming,reading and traveling
responsibilities: work, maintain house
O'Connor (mother)
interests: cooking, gardening, art, reading, animals, photography and traveling
responsibilities: work, upkeep house, son's activities, pets
Garcie (son)
interests:science, cello, piano, inventing, reading, basketball, skate boarding, boogie boarding, travel, rock climbing, and hiking
chores: setting table, load dish washer, light yard work

please indicate your family's annual income.

$75,000 and above

does your family receive any public assistance? (disability and unemployment excluded)   No
if yes, please explain.

does anyone in your family smoke?   No

if yes, please explain.

do you permit smoking in your home?   No

would you permit your student to smoke outside your home?   No

what family pets do you have?

2 small dogs

do they come inside the house?   Yes

describe the student's bedroom.

Student will stay in a bedroom on the second floor. The second floor consists of 2 bedrooms and one full bathroom. The students bedroom would have a bed, dresser, desk, and bookshelf. There are two windows in the bedroom. Each window opening is 53 inches tall and 35 inches wide.

will the student be sharing a room?   No

(Please note: Students may only share a room with a child of the same sex who is not more than four years younger.)

if yes, with whom?

does your family follow a special diet (vegetarian, kosher, etc) which would be important for the student to know ahead of time?   No

if yes, please describe your diet and indicate if the student would be expected to follow it.

would you feel uncomfortable hosting a student who follows a particular dietary restriction?   No

if yes, please describe.

describe a typical weekend in your home.

Once a month we plan a trip. Mom-laundry, clean, garden. Dad helps. Son does homework, a few chores, hangs with friends. We go to the beach, festivals, museums, kayaking.

describe a typical weekday in your home.

a day consists of getting up, taking a shower, get dressed for work/school, eat breakfast. After school my son does homework, practices his instrument, hangs out with his friends, and play a computer game. Mom returns prepares dinner. We eat and talk about how school/work was and we usually talk about important news events. My son watches TV for an hour. He reads every night before bed. In the summer hen spends leisure time outdoors.

what activities does your family typically participate in?

does your home have a landline phone?   Yes

Religious Practices

what is your family's religious affiliation?

Christianity

is it practiced?

No

3 of 8

호스트 가족 배정서 3

72

would you be willing voluntarily to inform the exchange student in advance of any religious affiliations of household members?
Yes

would you like your exchange student to attended services with you?**
Yes

**Students cannot be required to attend religious services. However, as part of the exchange, they are encouraged to experience this facet of US culture at their discretion

if you would like to add more comments regarding your families religious practices please do so here.

would any member of the household have difficulty hosting a student whose religious beliefs were different from their own?
No

Health Issues

does any family member have a serious or chronic illness?   No
if yes, please explain.

does any family member have a disability, or nervous or mental disorder?   No
if yes, please explain.

has any family member ever been charged with or convicted of a crime?   No
if yes, please explain.

References

reference name	relationship	phone	address
Jeannie	Current or former neighbor		
Sharon	Current or former neighbor		
Kim	Current or former coworker		

Family Guidelines

guidelines and expectations

student will have unlimited access to the internet. However, pornographic sites are prohibited. No alcohol or drugs allowed. Unlimited access to food & drink. Assist with chores: pick up after himself, sharing bathroom cleaning duties, hand clean clothes or place in drawers. Homework is a requirement in our home. What type of grades the student needs to maintain is up to his parents. We require our son to get A and B unless he is having difficulty (this has never happened)

identify personal expenses to be covered by the student.

Student will need to pay for clothing, cell phone plan, and any extreme items he wants to purchase for entertainment (personal computer or tablet). International trips offered to the student through school. We will provided basic need: room, food, drink, pay for expenses when the family takes short trips.

can you provide three meals daily for the student?

yes

curfew

My son has to be home by 8pm on school nights. He has to be home by 10pm on weekends unless t here is an event that runs a little later. it is a state law that he is not allowed to drive after 10 pm. So, we pick him up if it is after 10 pm.

Photo Album

호스트 가족 배정서 4

photo description

Front of house
2200 square feet

photo description

Back of house
We have 1.5 acres. The back yard is fenced in.

호스트 가족 배정서 5

74

photo description
Living room

photo description
Left to Right
Sean (dad), Dylan (son), Erin (mom)

호스트 가족 배정서 6

photo description

Bedroom
The bedroom has 2 windows. There is a desk behind
the photographer. We are planning on changing the
decor to make it more suitable for a male.

photo description

호스트 가족 배정서 7

호스트 패밀리를
변경할 수 있나요?

★　학생들에게 배정되는 홈스테이는 자원봉사자로 지원한 사람들로서 이들은 어떤 대가를 지불 받고자 자원한 것이 아닙니다.

미국 재단에서는 이들 자원봉사자의 교육수준, 생활환경 등을 심사합니다. 이처럼 까다로운 심사절차에 의해 지정된 가정으로서 안전하고 믿을 수 있는 분들입니다.

이 분들은 교환학생들에게 프로그램 기간 동안 미국 문화의 많은 것을 보고, 듣고, 느낄 수 있도록 항상 관심을 가지고 대화를 통해 친구와 같이 지내길 원합니다.

그러므로 특별한 경우 외에 학생이 임의로 하숙을 변경할 수는 없습니다. 다만, 특별한 사항이 있을 경우는 지역책임자(Local Coordinator)와 호스트 패밀리와 의논하여 호스트 패밀리 변경을 고려할 수는 있습니다.

J-1 비자로 다니던 공립학교를 계속 다닐 수 있나요?

★   국무부 교환학생은 J-1비자로 출국합니다. 이후 프로그램이 종료되면 반드시 귀국을 해야 합니다. 계속 학교를 다니길 원한 다면 F-1 비자로 다시 지원하여야 합니다. 또한 해당 공립학교가 F-1비자를 발행한다면 1년에 한해 F-1 비자로 다시 재학할 수 있 습니다.

만약 F-1비자를 발행하지 않는다면 사립학교로 변경해 지원해 야 합니다.

Key Word & Tip

B1/B2, 관광/상용 비자 : 비즈니스, 가족 방문, 관광 등의 목적으로 입국하는 경우. 가장 일반적인 비자. 체류기간은 최대 6개월.

F1(유학생)/F2(동반가족) 비자 : 유학을 목적으로 오는 학생과 그 동반가족을 위한 비자. 반드시 인터뷰를 거친다. F2 비자는 직계자녀(18세 이하) 및 배우자 에 한해서 발급한다. 조기 유학생의 학부모가 동반비자를 받을 수는 없다.

M(직업교육) 비자 : 직업교육을 목적으로 들어오는 경우.

취업 관련 비자

I : 언론인	R : 종교인	H : 전문직 단기취업
E1 : 상사주재원	P : 연예인, 운동선수	Q : 국제교류행사 참가자
L : 지사 근무자	E2 : 투자자	O : 특수재능 소유자

교환학생으로
다녀온 후 한국에서
복학할 경우,
한국에서의 학년은
어떻게 되나요?

★ 우리나라 교육법상 해외에서 1년 이상 정규 과정을 마쳤을 경우, 우리나라에서는 그 학업 연수를 인정해 주고 있습니다.

따라서 교환학생 기간 동안 정규 고등학교에서 정규 수업을 하였으므로 한국에서의 동급생들과 똑같은 학년으로 복학할 수 있습니다.

다만, 한국 대입 준비를 위해 내신 관리 등의 이유로 유급을 희망할 경우에, 학생은 학교장과의 상의를 통해 유급을 할 수도 있습니다.

예를 들면, 고등학교 1학년 학생이 1학기를 마치고 1년간 교환학생 프로그램을 다녀왔다면, 학생은 1학년 2학기로의 복학, 2학년 2학기로의 복학 등 두 가지 경우의 수가 생깁니다.

물론 고등학교부터는 의무 교육이 아니기 때문에 모든 권한은 해당 학교장에게 있습니다. 그러므로 해당 학교의 방침이 어떠한지 꼭 확인하여 그 기준에 맞게 처리하면 됩니다.

학생이 아프거나
다쳤을 경우는
어떻게 하나요?

★ 미국 국무부 규정에 따라 모든 미국 재단은 교환학생들의 의료보험을 의무적으로 가입하고 있습니다. 만약, 프로그램 기간 중 아플 경우나 다쳤을 경우는 우선 재단에서 운영하는 24시간 무료 연결 비상전화로 긴급 연락하여 도움을 요청하면 됩니다.

그러나 그마저도 여의치 않을 경우, 호스트 가족이나 지역관리자와 연락하여 응급조치를 받은 후 추후 보험 처리를 하면 됩니다.

다만, 의료보험이 모든 병과 사고를 커버해주는 것은 아니므로, 수술 등의 상황이 생겨 만약 그러한 일에 대한 결정을 할 때는 반드시 보험 커버 부분에 대해 확인해 보아야 합니다. 이는 지역관리자나 재단 본사를 통해 확인할 수 있습니다.

특히, 지병, 성형 교정에 대해서는 보험 처리가 일반적으로 되질 않습니다.

Confirmation of Insurance

ciee

Policy Holder

Date of birth: 10 March

Member ID:

Group ID: CIEE-

Effective Date: 01 January 2015   Termination Date: 31 December 2015

The health insurance has, within the framework of the tariff and insurance conditions, an upper limit for the reimbursement:

Maximum Benefit: US$ 1,000,000

Emergency Evacuation: $15,000   Repatriation: $15,000

Emergency Reunion: $15,000   Urgent Travel Expense: $2,000

Copays: $20/ Urgent Care Copay | $50 Doctor/Specialist Copay | $100 ER/Hospital Copay

Liability Limits: $100,000

The insurance coverage expires on the termination date listed above, or when the participant withdraws from the program, or when they are dismissed from the program, or their employment is terminated, whichever comes first.

PROGRAM INFORMATION

DS 2019 Number	Not Applicable	CIEE ATLAS ID	
Program Code	HS	CIEE Partner Code	KS/AIM

Insurance and Program Start Date	1 January 2015	You may not enter the US prior to this date. Insurance coverage starts on this date.
Insurance and Program End Date	31 December 2015	You must leave the US by your departure date. Insurance coverage ends on this date.

This is an important document. Please read it thoroughly. You are insured under the group policy of CIEE for the period of time stated on this document. If you want to change the period of coverage you must inform CIEE. The change doesn't take effect until you have received an updated version of this certificate. For complete terms of coverage please refer to the CIEE website at www.ciee.org/insurance. If you have a specific question please call CIEE at 1-888-268-6245.

CLAIMS TO BE MADE TO:

Aetna Student Health
PO Box 981106
EL Paso, TX 79998

ADMINISTERED BY:

CIEE as agent for the insurer
300 Fore Street
Portland, ME 04101 USA
888.268.6245
www.ciee.org

aetna

PPO NAP

Group No. CIEE-

First Name   ciee

Last Name

Member ID

To precertify, prenotify, verify eligibility and/or benefits, please contact CIEE at:
1-888-268-6245
insurance@ciee.org
www.ciee.org/insurance
EDI Payor ID:

Mail all claims to:
Aetna Student Health
P.O. Box 981106
EL Paso, TX 79998
$20 / Urgent Care Copay
$50 Doctor/Specialist Copay
$100 ER/Hospital Copay

CIEE | 300 Fore Street, Portland, ME 04101   www.ciee.org/insurance | insurance@ciee.org | 1.888.268.6245

교환학생 의료보험증서 샘플(CIEE재단)

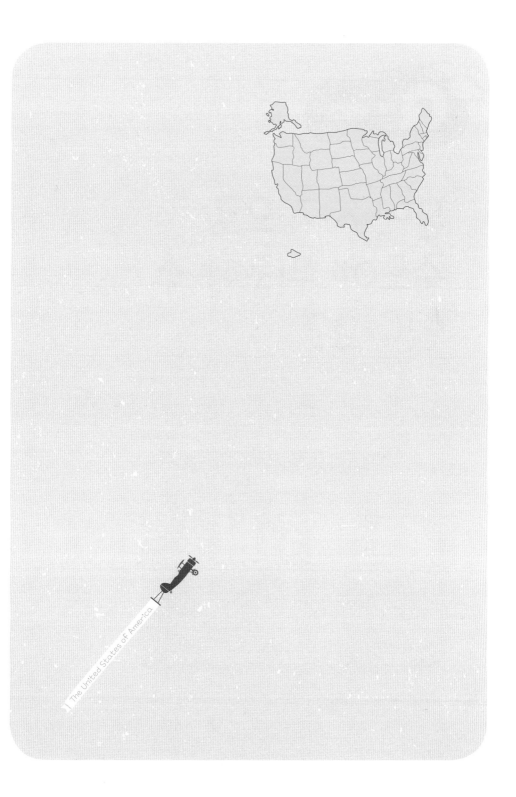

The United States of America

본인 사정으로
중도에 귀국할 수
있나요?

★　본인의 사정으로 인해 귀국을 원하시는 그 내용에 따라 재단에서 프로그램 중단을 위한 절차를 밟고 귀국을 할 수 있습니다. 하지만 이미 납부한 참가비는 환불되지 않습니다.

이때 한국에서 받은 J-1비자(교환학생에 대한 문화교류 비자)는 유효기간이 끝나게 됩니다.

그러므로 귀국을 결정하는 것에 신중을 기하여야 합니다.

본인 의지와 상관없이
강제 귀국되는 경우도
있다고 들었어요.
어떤 경우인가요?

★ 교환학생 프로그램은 일반유학에 비하여 엄격한 학생 생활수칙을 정해두고 있습니다. 그 생활수칙을 어기게 될 경우에는 재단에 따라서 약간씩 차이는 있습니다만, 대부분 1차 경고(warning), 2차 경고(probation), 3차 강제추방(termination)의 처벌을 내립니다.

강제추방(termination) 결정이 날 경우, 우리 한국의 정서로는 매우 가혹하게 느껴지지만 더 이상의 관용이 없습니다. 해당 학생은 비자 잔여기간에 상관없이 즉시 귀국될 수 있습니다. 하지만 교환학생 도중 강제귀국 되었다고 하더라도 향후 F-1 비자의 취득이나 다른 목적으로의 미국 입국에 불이익이 생기지는 않습니다.

FACE 재단 행동 지침서
(The Foundation for Academic Cultural Exchange Standards of Conduct)

FACE 재단의 목적은 학생들에게 다양한 문화에서 오는 다른 관점과 생활의 방식에 대해 배울 기회를 제공하는 것입니다. 저희는 여러 문화에 대한 이해가 세계 평화와 우정을 고취시키기 위한 가장 근본적인 단계라고 생각합니다. FACE 재단은 이 프로그램에 참여하는 모든 학생들이 항상 가장 모범적인 행동을 하길 바라고 또한 저희에게 학생들이 이 프로그램에 참여하고 있는 동안 학생들의 복지와 안전에 대한 책임이 있다고 생각합니다.

The purpose of FACE is to provide opportunities for people of diverse cultures to come together to learn about different points of view and ways of life. Cross-cultural understanding is, we believe, a fundamental step in promoting friendships and world peace. FACE expects the highest standards of behavior from program participants at all times and, in turn, assumes responsibility for the welfare and safety of the student throughout the program.

FACE 재단 직원과 지역사회를 관리하는 지역관리자들은 모든 학생들이 미국에서 최대한 안전하고 성공적인 생활을 할 수 있도록 함께 일합니다. 이러한 목적을 이루기 위해 아래의 행동지침서를 만들었습니다. 아래의 규칙을 어길 경우, 징계 조치가 있을 것이고 FACE 교환학생 프로그램으로부터 중도 귀국 조치를 당할 가능성도 있습니다. 호스트 가정과 지역사회에서 지역, 주, 또는 연방법 위반 또는 심각한 부정행위를 할 경우, 프로그램 비용 환불 없이 학생의 나라로 조기 귀국을 해야 합니다.

The FACE staff and Area Coordinators in local communities work together, to ensure that the student's stay in the United States is as successful, safe, and secure as possible. The following Standards of Conduct have been established for that purpose. Violation of these rules will lead to disciplinary action and possible termination from the FACE Exchange Program. Violations of local, state, or federal laws or serious misbehavior in the host family or the community will result in a early return to the home country at the expense of the student's natural parents and with no refund of the program fees.

지역, 주, 그리고 연방 법
(LOCAL, STATE, AND FEDERAL LAWS)

만약 학생이 체포되거나 불법적인 행동을 하였다는 것이 증명되었을 때, 학생은 부모님의 비용으로 합법적으로 최대한 빠른 시기에 조기 귀국을 당하며 프로그램 스폰서십은 취소될 것입니다.

If a student is arrested, or if it is reliably confirmed that the student has acted illegally, program sponsorship will be revoked, resulting in early return as soon as legally possible to the home country at the expense of the student's parents.

1. 맥주와 와인을 포함한 모든 주류는 학생이 프로그램에 참가하는 동안 허락되지 않으며 거의 모든 주에서 21세 미만은 음주를 할 수 없습니다.

1. Drinking of alcoholic beverages, including beer and wine, is not permitted while on the program and is illegal in most states for persons under 21 years of age.

2. 거의 모든 주에서 18세 미만은 흡연을 할 수 없습니다. FACE 재단의 교환학생 프로그램 참가 학생들은 나이에 상관없이 흡연을 할 수 없습니다.

2. Smoking is illegal in many states for persons under 18 years of age. FACE exchange students are not permitted to smoke regardless of age.

3. 학생은 의사 또는 다른 의료 종사자에게 처방을 받은 약 이외의 불법 또는 규제 약물을 사용하거나 소유하거나 사고 팔 수 없습니다. 만약 학생이 처방된 약을 복용한다면, 약의 이름, 복용량, 복용기간이 FACE 재단 메디컬 폼에 기입되어 있어야 하며, 처방한 의사가 발급한 영문 처방전이 있어야 합니다. 학생은 호스트 가정에 도착하였을 때, 처방약을 호스트 가족에게 건네주어 관리 하에 약을 복용해야 합니다.

3. The student must not buy, sell, possess, or use illegal drugs of any kind or use controlled substance unless prescribed for him/her by a physician or other health professional. If the student is taking prescription drugs, the name, dosage, and length of time of use for each drug must be listed on the FACE Medical Form and a complete medical explanation of the prescription must be provided in English from the prescribing medical doctor. The student must give this medicine to their host family upon arrival to their host community.

4. 학생은 다른 사람을 폭행하거나 소유물을 훼손시킬 수 없습니다.

4. Students must not commit or take part in any act of violence against another person or property.

5. 절도는 불법이며 범죄 혐의를 받을 수도 있습니다.

5. Shoplifting and theft are illegal and may lead to criminal charges.

6. 학생이 미국에 있는 동안 정규 직장을 갖는 것은 불법입니다. 예외의 상황은 베이비 시팅 또는 정원 일과 같이 가끔 할 수 있는 일입니다. 어떠한 직업도 학생의 학업을 방해해서는 안 되며 학생은 반드시 호스트 가족의 허락을 받아야 합니다.

6. It is illegal for the student to take regular employment while in the U.S. The only exceptions are occasional odd jobs, such as yard work or baby-sitting. Any such jobs must not interfere with schoolwork, and the student must have the host family permission.

고등학교와 학교 대항의 스포츠 참가
(HIGH SCHOOL AND INTERSCHOLASTIC SPORTS PARTICIPATION)

고등학교들은 교환학생들이 좋은 학업 성적을 유지하고 학교생활에 적극적으로 참여하길 기대합니다. 미국 고등학교들은 교환학생들의 존재가 학업 환경을 더 좋게 만든다고 믿습니다. 그러므로 출석, 태도, 규율, 또는 낙제점과 관련된 문제로 퇴학을 당한 학생은 FACE 교환학생 프로그램이 종료될 것이며 즉시 본국으로 돌아가야 합니다.

High schools expect exchange students to maintain high academic standards and to participate actively in school life. U.S. high schools believe that the presence of exchange students enhances the learning environment. Therefore, a student who is dismissed from school due to problems with attendance, attitude, discipline, or failing grades will be terminated from the FACE Exchange Program and returned home immediately.

1. 교환학생은 특정 학년 배정이 보장되지 않으며 이전 가능한 학점이

주어질 것이라는 것과 교환학생 프로그램이 끝날 때 졸업장을 받을 수 있다는 것도 보장되지 않습니다. 모든 결정은 학교 또는 학교가 속해 있는 지역의 재량입니다.

1. The exchange student is not guaranteed placement in a certain grade level, or that transferable credit will be granted, or that a diploma will be awarded at the end of the academic program. All such decisions are at the discretion of individual high schools and/or districts.

2. 학생의 학교 스포츠 참가 가능 여부에 대해서는 보장되는 것이 없습니다. 참가 자격은 각각의 학교와 지역/주 고등학교 체육회의 재량입니다. 고등학교 스포츠 팀 자격시험을 보는 학생들이 팀원이 될 것이라는 것에 대해서도 보장되지 않습니다. 또한 스포츠 참여는 호스트 가족의 재량이기도 하며 호스트 가족의 교통수단 제공 능력 또는 다른 지원을 할 수 있는지에 따라 스포츠 참여에 대한 제한이 있을 수도 있습니다.

2. No guarantee is made to the student with regard to participation in interscholastic sports. Eligibility is at the discretion of each high school and/or regional/state high school athletic association. Students who try out for high school sport teams are not guaranteed a place on the team. Participation is also at the discretion of the host family and may be limited based on the ability of the host family to provide transportation or other support required.

3. 학생은 반드시 모든 학교 규칙을 따르고, 수업에 출석하며, 모든 수업 과제 및 활동에 대한 책임을 가져야 합니다. 학생은 모든 수업에서 많은 노력을 해야 하며, "F" 낙제점을 받지 말아야 하고 최저 평균을 "C" 이상 유지해야 합니다. 낙제점을 받는 학생들은 근신 처벌을 받게 될 것

입니다. 만약 학생이 학교 숙제 또는 영어에 대해 별도의 도움이 필요하다면, 학생이 과외수업 비용을 지불해야 합니다.

3. The student must obey all school rules, attend classes and be responsible for assuming a full course load, for making strong effort in all classes, and for maintaining at least a "C" average, with no "F" (failing) grade. Students who receive failing grades will be placed on probation. If a student needs extra help with schoolwork or English it is the responsibility of the student to pay for a tutor.

4. 학생은 모든 학교비용에 대한 책임이 있습니다. 학교비용은 학교 등록, 책, 사물함 사용, 과학실 사용, 체육시설 또는 체육 수업, 졸업 앨범, 졸업 기념 반지, 학교 재킷, 학생 활동, 학교까지의 교통수단 등을 포함하며 만약 공립학교에서 학비를 요청한다면 학비도 지불해야 합니다.

4. The student is responsible for all school fees. Such fees may include but are not limited to: registration, books, lockers, laboratories, gym/physical education, yearbook, class ring, letter jacket, student activities, transportation to school, etc. and tuitions charged by public schools if required.

5. 학생은 학교에서 자신의 용돈으로 점심을 사먹을 수도 있으며 집에서 점심을 준비하여 다닐 수도 있습니다.

5. The student may choose to buy lunch at school at their own expense or bring a lunch from home.

운전면허 교육 및 차량 운전
(DRIVER'S EDUCATION AND DRIVING MOTORIZED VEHICLES)

학생은 FACE 재단의 관리 하에 있는 동안 자동차, 오토바이, 또는 어떠한 종류의 전동 이동 수단(자동차, 모페드, 스쿠터, 오토바이, 비포장도로용 오토바이, 스노모빌, 제트스키, 4륜 산악 오토바이, 모터보트, 항공기, 타고 운전하는 잔디 깎기 기계, 골프 카트, 그리고 모든 종류의 레저 차량)을 운전할 수 없습니다.

The student may not drive any car, motorcycle, or any other motorized vehicle while under the sponsorship of FACE.(This includes automobile, mopeds, motorized scooters, motorcycles, dirt bikes, snowmobiles, jet skis, all-terrain vehicles, motorboats, aircrafts, riding mowers, golf carts and all motorized recreational vehicles.)

1. 학생은 FACE 프로그램에 참가하는 동안 고등학교 운전면허 교육을 받거나 운전면허 학원을 통해 면허증을 취득할 수 없습니다.

1. Participation in high school driver's education course or the acquisition of driver's license through a private driving school while on the FACE program is not permitted.

2. 학생은 FACE 프로그램에 참가하고 있는 동안 또는 프로그램이 종료될 때쯤 자동차를 사거나 빌릴 수 없습니다.

2. The student is not allowed to rent or purchase a vehicle while on the FACE program or at the end of the Face Program.

학생 배정, 호스트 가족생활 및 호스트 가족 규칙
(STUDENT PLACEMENT, HOST FAMILY PARTICIPATION, AND HOST FAMILY RULES)

모든 미국 호스트 가족들은 자원봉사자이며, 외국 교환학생을 호스팅함으로 인해 받는 보상은 없습니다. FACE 프로그램의 호스트 가족들은 문화교류를 하고 미국 생활을 공유하며, 다른 문화에 대해 배우고자 하는 마음 때문에 프로그램에 참가합니다. 호스트 가족 배정의 최종 결정은 FACE 재단에 있으며, 학생들은 반드시 배정을 받아 들여야 하고 호스트 가족의 생활방식에 적응할 수 있도록 최선을 다하여야 합니다.

All American host families are volunteers and they do not receive compensation for hosting a foreign exchange student. Host families participate in the FACE program because of their sincere desire to have a cross-cultural experience and learn about other cultures while sharing the American way of life. Final decisions on host family placement are at the sole discretion of FACE and students must accept their placement and do their best to adapt to the host family lifestyle.

1. 미국 내 특정 지역, 마을의 규모, 또는 특정 종류의 호스트 가정(예를 들어, 10대 아이가 있는 집 또는 의료상의 문제가 있지 않는 한, 애완동물이 없는 집이나 흡연하지 않는 집)에 배정되는 것에 대해 보장하지 않습니다.

1. No guarantee is made with regard to placement in a particular region of the U.S., nor in a town of a certain size, nor with a particular kind of host family(for example, with a teenager in the home, no pets or non smoking family unless medical conditions dictate.

2. 개인방과 개인 화장실이 있는 집으로 배정되는 것에 대해 보장하지 않습니다. 하지만 학생이 개인 침대를 가지는 것은 보장합니다.

2. Both a private bedroom and private bathroom are not guaranteed. Only a separate bed is guaranteed.

3. 학생은 반드시 합당한 호스트 가족 규칙에 따라야 합니다.(예 : 통금, 집안일, 방문객, 전화 통화, 인터넷 사용량 등)

3. The student must comply with all reasonable rules of the host family(e.g. curfew, household chores, visitors, phone calls, internet use, etc.).

4. 학생은 자신이 누구와 있는지, 어디에 있는지, 언제 집에서 나섰는지, 그리고 언제 집에 돌아올 건지에 대해 호스트 가족에게 항상 알려야 하며 호스트 가족의 허락을 받아야 합니다. 학생은 학생이 누구와 어울리는지에 대해 호스트 가족이 결정할 수 있음에 동의합니다.

4. The student must obtain permission and keep the host family informed at all times of his/her whereabouts, with whom he/she is associating, and time of departure from and return to the host family's home. The student agrees to accept host family decisions on which person they can associate with.

5. 학생은 호스트 가족 또는 어느 누구로부터 돈을 빌릴 수 없습니다. 학생의 친부모님들은 학생의 학교 점심값, 학용품비 등 개인적으로 쓸 수 있는 적당한 액수의 돈을 학생에게 주어야 합니다. FACE 재단은 한 달에 최소 300에서 400달러를 추천해드리며, 한 달 용돈이 100달러 미만이 되어서는 안 됩니다. 학생은 FACE 재단 또는 호스트 가족 활동에 참여하고 크리스마스 또는 생일과 같은 날에 선물을 살 수 있는 비용은 반드시 가지고 있어야 합니다. 또한 학생은 개인적인 용돈을 관리할 수 있도록 자국의 은행에서 발급 받은 현금 카드를 반드시 가져와야 합니다.

5. The student must not borrow money from the host family or from any other source. Natural parents must supply the student with an adequate amount of spending money for personal items and school lunches & supplies etc. FACE recommends a minimum of $300~$400 per month, not to fall below $100. Students must also have sufficient funds to participate on host family or FACE activities, and host family holiday events to include gifts for appropriate time(i.e. birthdays, Christmas, etc.). The student must also bring a bank/ATM card from their home country to manage their personal spending money.

6. 학생은 컴퓨터(데스크탑 또는 노트북)를 반드시 호스트 가족 집의 거실에서 사용하여야 하며 (침실 또는 문이 닫힌 방에서는 절대로 사용해서는 안 됩니다.), 컴퓨터와 인터넷 사용에 관한 호스트 가족의 규제 및 규칙에 반드시 따라야 합니다. 호스트 가족의 컴퓨터 또는 인터넷을 오용 또는 남용하게 되면 근신 조치가 취해질 수 있습니다.

6. Student computer use (desktop or laptop) must be in a common area of the host family home (never in the bedroom or behind closed doors) and students must adhere to the host family's rules and restrictions regarding computer and Internet use. Misuse of the host family's computer or the Internet is round or probation.

7. 학생은 프로그램 참가기간 동안 생기는 문제에 대하여 반드시 FACE 재단 지역관리자와 이야기를 하여야 하며, 지역 사람 및 친구들에게 호스트 가족과의 개인적인 문제에 대해 이야기하는 것을 삼가해야 합니다.

7. The student must speak with the local FACE Exchange Program Coordinator about any problems she/he is having and must refrain from speaking of her/his host family's private affairs to community members and friends.

친부모님 방문 및 프로그램 참가 기간 동안 학생의 여행
(NATURAL FAMILY VISITS AND STUDENT TRAVEL WHILE ON THE PROGRAM)

1. 학생의 친부모님 또는 친구의 방문은 학생이 적응하는데 지장을 줄 수 있으며 호스트 가족에게 불편함을 줄 수 있습니다. 그러므로 프로그램 기간의 첫 6개월 동안은 방문을 금합니다. 저희 재단은 프로그램 종료까지의 모든 방문을 격려하지 않습니다. 프로그램 기간 동안의 모든 방문은 호스트 가족과 FACE 재단 본사의 승인을 받아야 합니다.

1. Visits by members of the student's natural family or by friends from his / her home country can be very disruptive to the adjustment of the student and an inconvenience to the host family. Therefore, visits during the first six months of the program are not permitted. All visits are discouraged until the end of the program; any visits during the program must have the prior permission of the FACE main office, which will verify the approval with the host family.

2. 학생은 25세 미만의 성인, 친구와 함께, 또는 혼자 미국 거주 지역 밖으로 여행을 갈 수 없습니다.

2. The student is not permitted to travel outside the local area by him / herself or with peers or anyone under 25 years old.

3. 학생은 혼자일 때든 동행이 있든 히치하이크를 할 수 없습니다.

3. The student is not permitted to hitchhike, whether alone or with companions.

4. 호스트 가족, 다른 가족, 25세 이상의 성인, 또는 교회, 학교에서 승인된 단체와 함께 하는 여행은 호스트 가족과 지역관리자의 허가를 받은

것에 한해 허용됩니다. 호스트 가족과 지역관리자는 모든 여행에 대한 정보를 알아야 하며 위급 상황일 때 학생에게 연락할 수 있는 연락처를 가지고 있어야 합니다.

4. Overnight travel with the host family, another family, a responsible adult(at least 25 years of age), approved group(e.g. church, school, etc,) is permitted if prior consent is given by the host family and Area Coordinator. The host family and Area Coordinator must be informed of all such trips and have a phone contact to reach the student in an emergency.

5. 학생은 프로그램 기간 동안 미국 밖으로 여행을 하기 전에 FACE 본 사로부터 허가를 받아야 합니다.

5. The student must obtain approval from the FACE main office prior to travel outside the U.S.

인생의 전환점 및 그 외 규칙
(LIFE-CHANGING DECISIONS AND MISCELLANEOUS RULES)

1. 학생은 결혼, 개종, 그리고 법적·정치적·사회적 결과를 야기하는 결정을 해서는 안 됩니다.

1. Students will not be permitted to make life-changing decisions, including but not limited to marriage, religious conversion, and other decisions with legal, political and/or social consequences.

2. 학생은 FACE 프로그램에 참가하는 동안 성 생활을 해서는 안 됩니

다. 만약 그러한 행동의 조짐이 보이면 학생은 귀국 조치를 받게 될 것입니다.

2. Students may not engage in sexual activity while on the FACE program. If there are any indication admitted or otherwise the student will be sent home.

3. 학생은 FACE 프로그램에 참가하는 동안 염색, 바디 피어싱, 또는 문신을 할 수 없습니다.

3. Students will not be permitted to tattoo or pierce any parts of their body or hair dying while on the FACE program.

4. 학생은 FACE 재단의 허가 없이 프로그램을 중단할 수 없습니다. 만약 학생이 타당한 긴급 상황(가족의 사망 또는 심각한 병) 외에 다른 이유로 프로그램을 떠난다면, 학생은 다시 프로그램에 돌아올 수 없으며 환불 또한 없습니다.

4. The student may not withdraw from the program at any time without the permission of FACE. If the student leaves the program for any reason other than a legitimate emergency(death or serious illness in his/her immediate family), he/she may not return to the program and will not receive a refund.

5. 만약 학생이 지역을 옮기게 된다면, 이동수단 비용은 학생이 지불해야 합니다.

5. If the student is transferred from one community to another, any transportation costs incurred are the responsibility of, and shall be paid by the student through the sending agency.

프로그램 종료 후 귀국
(RETURNING HOME AT THE END OF THE FACE PROGRAM)

1. 학생은 FACE 재단에 의해 결정된 프로그램 종료 날짜(학생이 다니는 학교의 학기 종료로부터 1~2주 후) 이후에 자국으로 반드시 귀국해야 합니다.

1. The student must return to the home county at the end of the program as determined by FACE(within 1~2 weeks after the end of the academic term for which the student was enrolled).

2. 학생은 프로그램 종료 시기에 부모님과 동행하고 FACE 본사의 허가를 받지 않은 이상 혼자 여행을 갈 수 없습니다.

2. At the end of the program students can not travel on their own unless released to their natural parents if approved in advanced by the FACE office.

3. 만약 학생이 호스트 가족과 미국을 떠났을 때 내지 않은 빚(보험 처리가 되지 않은 의료 비용 또는 장거리 통화 비용)이 있다면, 학생의 친부모님이 FACE 재단의 처리비용 100달러를 포함한 비용을 지불해야 합니다.

3. If a student leaves a host family or the U. S. and has any outstanding debts(such as medical bills not covered by insurance or long distance telephone calls), the student's natural family will be responsible for payment of these debts in additional to a $100.00 surcharge to cover the administrative cost to FACE for collection and payment.

F-1(I-20)비자로 미국에 돌아오는 것
(RETURNING TO THE U. S. ON F-1(I-20) VISA)

부모인 우리는 FACE 재단과 FACE 재단 해외 대표사무소를 통하지 않고는 같은 호스트 가족, 지역, 그리고/또는 학교에 우리 자녀가 돌아올 수 없는 것에 동의합니다.

We the parents, agree not to have our child return to the same host family, community, and/or school without going through the FACE Overseas Representative and the FACE program.

여행 책임 양도 및 권한 부여
(TRAVEL RELEASE/AUTHORIZATION)

우리, 학생의 부모님/법적 가디언은 우리 아이가 FACE 재단 행동규칙을 준수하며 여행하는 것에 대해 재단에 권한을 부여하고, 허가된 여행 활동에 참가하는 것을 전면적으로 수용하며, 해외 책임자인 FACE 재단 및 아이의 프로그램에 관여된 모든 사람들에게 해를 입히지 않을 것을 약속합니다.(프로그램 참가 기간 동안 학생의 여행, 친부모님 방문 및 FACE 재단 프로그램 종료 후 귀국에 관한 부분을 읽어주시기 바랍니다.)

We, the undersigned (parents/legal guardians), authorize our child to travel within the guidelines as established in the FACE Standards of Conduct and accept full responsibility for our child's participation in any approved travel activities and to indemnify and hold harmless FACE, its' Overseas Representative, and their designated agent/representative from any claims and/or liabilities to their parties arising from our child participation. (See NATURAL FAMILY VISITS AND STUDENT TRAVEL WHILE ON THE FACE PROGRAM AND RETURING HOME AT THE END OF THE FACE PROGRAM)

법적 책임 및 양도 계약서
(LIABILITY AND AGREEMENT RELEASE)

FACE 재단의 관리 하에 있는 동안, 나/우리는 나의/우리의 아이가 아래와 같이 자세히 명시된 활동에 참여하는 것에 대한 책임/법적 책임을 양도합니다.

While under the sponsorship of The Foundation for Academic Cultural Exchange, I/we accept full responsibility/liability for my/our child's participation in the activities that are specified below.

당신의 자녀가 참여하는 것을 허락하지 않는 모든 활동을 체크하여 주십시오.

Please check all activities in which you DO NOT ALLOW your child to participate.

_____ 산악자전거mountain biking

_____ 스쿠버 다이빙/스노클링SCUBA diving/snorkeling

_____ 수상스키/스키/스노보드water skiing/snow-skiing/boarding

_____ 모터보트ride motorboat

_____ 사냥/낚시(이 활동들은 성인과 함께 법에 준수하여 활동함)
hunting/fishing(with an adult and in accordance with local laws)

_____ 요트/카약/카누/서프보드sailboat/kayak/canoe/surfboard

_____ 승마ride horses

_____ 스노모빌ride snowmobile

_____ 트랙터 또는 다른 농업용 기계에 타는 것ride tractor or any
other farm equipment

_____ 윈드서핑/수영보드wind surfing/swimming board

그 외others _____

부모로서 학생을 만나는 것은 가능한가요?

★ 교환학생으로 참가하는 이유는 순수한 미국 문화를 경험하고 배우기 위해서입니다. 이를 위해 미국 국무부 교환학생 프로그램이 만들어졌습니다. 따라서 가능하다면 그 기간 동안 부모 또는 친인척의 학생 방문은 금지되어 있습니다.

다만 재단에 따라서는 1학기가 지나서 학생이 어느 정도 적응이 될 때쯤에는 미국 재단과, 지역 책임자, 그리고 호스트 패밀리의 동의 아래에 부모님의 방문이 허락될 수 있습니다.

그러나 친척 혹은 친구의 방문은 대부분 허용하지 않습니다.

Key Word & Tip

만약 부모님이 호스트 가정을 방문하고 싶다면?

• 가급적 호스트 가정 주변의 호텔을 이용할 것(최대한 호스트 가정의 프라이버시를 배려하는 태도).

• 학생이 호스트에게 부모님의 의향을 알리고 동의할 경우 재단에 연락하여 최종 승인을 받을 것.

교환학생을 마친 후의 진로는 어떻게 되나요?

★ 교환학생 과정을 마치고 나면 절반 정도의 학생은 미국 고등학교로 다시 유학 생활을 이어갑니다. 그리고 다른 절반 정도의 학생은 한국 고등학교로 복학하여 한국 대학입시를 준비합니다.

미국의 사립 고등학교로 진학을 위해서는 반드시 한국으로 귀국하여 학생비자(F-1)를 받고 다시 미국으로 출국해야 합니다. 미국비자는 교환학생으로서 J-1비자를 받았던 경험이 있다면 학생비자를 받는 일은 훨씬 수월합니다.

한국으로 돌아와서 고등학교에 등록하여 공부하기를 원할 경우는 미국 교환학생 기간의 학교성적을 인정해줍니다. 그래서 해당학년에 등록하여 공부하거나 유급하여 교환학생을 가기 전의 학년으로 들어갑니다. 이때 학년 배정은 해당 학교장님의 고유 권한입니다. 하지만 교환학생 동안의 미국 학교 생활이 인정됩니다. 이 때문에 대부분 학생의 희망에 따라 상급학년 또는 유급이 정해진다고 볼 수 있습니다.

대체로 중3때 교환학생을 떠난 경우 고1로 진학을 합니다. 또 고1때 교환학생을 떠난 경우에는 고2로 복학을 하는 경우와 다시 고1로 복학하는 비율이 비슷합니다.

교환학생이 지역을
선택할 수도 있다고
들었는데, 지역 선택이
가능한가요?

★　교환학생 재단에 따라서는 신청할 때 지역 선택권을 부여하기도 합니다. 대체로 지역 선택을 할 경우 추가비용을 요구합니다.

필자의 경험에 의하면 지역을 선택하더라도 미국 자체가 워낙 넓어서 자기가 원했던 환경을 만나기 어렵기 때문에 지역 선택의 효과가 크지 않습니다. 예를 들어 캘리포니아에 친인척이 있다고 하여 캘리포니아 배정을 요구할 경우, 결과적으로 캘리포니아에 배정되더라도 친인척이 있는 도시에 배정된다는 보장은 없다는 것입니다.

캘리포니아만 하더라도 한반도보다 넓은 면적의 주입니다. 따라서 캘리포니아에 배정되더라도 친인척이 방문하기에는 거리가 너무 멀어 만나기 어려운 경우가 많습니다.

교환학생은 자원봉사
호스트 가정에 머물고,
학비도 무료인데
프로그램 비용은
무엇인가요?

★　프로그램 비용은 교환학생을 선발하고, 1년 동안 관리하는 비용이라고 할 수 있습니다. 교환학생이 된다는 것은 미국 교환학생 재단이 학생의 서류를 스크린하고, 적절한 홈스테이 가정을 발굴하며, 체류하는 동안 정기적으로 방문 또는 전화인터뷰 등을 통하여 학생의 생활과 안전을 책임지는 행위입니다.

따라서 재단본부의 운영비, 지역관리자의 급여, 한국 파트너 회사의 관리 비용 등이 포함된 금액이라고 할 수 있습니다. 즉, 교환학생 프로그램 비용은 미국 교환학생 재단의 호스트 배정비, 지역관리자 급여, 오리엔테이션 비용, 한국 유학원 수속비, 관리비 등이 포함된 금액이라 할 수 있습니다.

교환학생 프로그램비 외에 추가 비용은 얼마나 더 들까요?

★　교환학생 프로그램비 외에 추가적으로 항공료, 용돈, 비자 수속비, 의료보험료 등이 발생합니다. 재단에 따라서는 프로그램비에 의료보험료가 포함되는 경우도 있고 따로 받는 경우도 있습니다.

2014년 기준으로 항공료는 대체로 250에서 300만원, 의료보험료는 600달러 내외, sevis fee 200달러를 예상하셔야 됩니다.

용돈의 경우 연간 100에서 200만 원 정도 예상하시면 됩니다. 대부분 전원도시에서 홈스테이를 하기 때문에 용돈을 많이 쓸 기회가 없습니다. 다만 여학생의 경우, 남학생에 비해서는 조금 더 쓰는 경향이 있습니다. 그리고 간혹 호스트 가족과의 여행 또는 학교 수학여행 등에 참가할 경우 추가 경비가 발생할 수 있습니다. 전체적으로는 재단에 내는 프로그램 비용 외에 500에서 600만 원 정도의 추가비용을 예상하시면 됩니다.

교환학생 참가에
필요한 학교 성적
조건은 어떻게
되나요?

★   교환학생 참가자격으로서의 성적 조건에 관하여 미국 국무부의 명확한 규정은 없습니다. 그러나 교환학생을 운용하는 미국 교환학생 재단들이 대체로 참가 직전 2~3년간의 학교 성적을 요구합니다. 일반적으로 그 성적이 평균 "C학점" 이상이 될 것을 요구합니다. 한두 과목 성적이 "양" 또는 "가" 가 있더라도 전체적으로 나쁘지 않으면 괜찮습니다. 그러나 영어 성적이 나쁘거나 SLEP 또는 ELTiS 성적이 재단의 기준에 적합하지 않으면 불합격될 수 있습니다.

    왜냐하면 미국 국무부의 규정은 없지만 실제로 학생이 교환학생을 참가하여 미국 학교에 잘 적응하려면 아무래도 기본적인 학업능력이 필요하기 때문입니다.

F1 공립유학과
국무부 교환학생과는
어떤 차이가 있나요?

★ F-1공립유학은 F-1 유학 비자를 받아서 공립학교를 다니는 것입니다. 국무부 교환학생은 J-1 비자를 받아서 미국 고등학교를 다니는 것으로 공립학교 또는 사립학교에 다닐 수 있습니다. F-1 공립 유학은 1년만 같은 학교를 다닐 수 있는 것은 국무부 교환학생과 같습니다.

기본적으로 미국 공립학교는 시민권자, 영주권자만 다닐 수 있고, 예외적으로 교환학생에게 참가가 허용됩니다. 그러나 최근에 미국 공립학교에서 유학비자(F-1)를 발행하도록 국무부에서 허용하고 있습니다. 아마도 이는 공립학교의 재정을 돕기 위한 방편으로 생각됩니다. 공립학교에 F-1 비자를 받아서 다니려면 해당 공립학교의 학생들에게 지원되는 교육비만큼의 비용을 내야 합니다.(사립학교의 학비와 같음). 단 공립학교 유학은 12개월이 최장입니다.

국무부 교환학생을 마친 학생 중 같은 학교를 더 다니고 싶은 학생이 F-1 공립유학을 지원하는 경우도 있고, 국무부 교환학생의 요건을 충족하지 못하는 학생(성적 또는 나이 문제)들이 지원하기도 합니다. 국무부 교환학생은 홈스테이 비용이 들지 않지만, F-1 공립유학은 홈스테이 비용을 별도로 내야 합니다.

국무부 교환학생으로
지원하면 무조건
공립학교에 배정되
나요? 사립학교에
배정될 수도 있나요?

★ 국무부 교환학생은 공립 또는 사립학교에 배정될 수 있습니다. 즉 공립이든 사립이든 다 배정이 가능합니다. 대부분의 참가자가 공립학교에 배정되기 때문에 공립 교환학생이라 부르는 경우도 있습니다.

사립학교에 배정되는 경우는 첫째, 나를 데리고 있고자 하는 홈스테이 가정이 자녀들을 사립학교에 보내고 있는 경우, 둘째, 참가자 본인이 종교적 이유 등으로 사립학교 배정을 원하는 경우, 셋째, 공립학교 배정이 어려워서 재단에서 사립학교를 추천하는 경우 등이 해당됩니다.

사립학교에 배정되는 경우, 학비(Tuition)가 추가됩니다.

현재 고등학교
1학년이에요. 성적이
반에서 1등이나 2등
하는데 교환학생을
꼭 가야 할까요?

★ 학교 성적이 최상위권일수록 교환학생에 참가하는 것을 주저하는 경우가 많습니다. 교환학생 참가 후 국내에 복학하였을 때 성적이 잘 안 나올 것을 우려하기 때문입니다.

영어와 글로벌체험이냐? 혹은 명문대 진학이냐? 이 두 마리 토끼를 다 보장받을 수는 없겠습니다. 교환학생 참가를 선택하는 것은 본인의 판단에 달렸다고 봅니다. 하지만 교환학생을 다녀와서도 성적이 전혀 하락하지 않고, 결과적으로 명문대 진학에 성공한 사례도 매우 많습니다.

부정적인 결과만 생각하지 말고, 또한 눈앞의 성취만 바라보지 말고 10년, 20년 후의 본인의 로드맵에 따라서 교환학생 참가를 선택하는 것이 바람직합니다.

참고로 교환학생을 다녀온 후 국내입시를 준비해서 명문대를 간 학생 중에는 다시 한 학년을 낮추어 공부한 경우가 많았습니다. 또한 '영어 특별전형' 등으로 명문대를 진학한 학생의 경우에는 유급하지 않고 상급학년으로 복학한 경우가 많았습니다.

중위권 수준의 학생이라면 교환학생 이후에 학년을 낮추기 보다는 또래들과 잘 어울리도록 상급학년으로 진학하는 것을 권합니다. 학년을 낮추더라도 성적이 상위권으로 바뀌지 않는 경우가 많기 때문입니다. 상위권 학생들에 비해 상대적으로 인내력이 떨어지기 때문에 상급학년으로 가서 더 집중력 있게 공부하는 것이 낫습니다. 교환학생을 다녀와서 생기는 장점인 영어 실력과 독립심을 보다 집중력 있게 발휘하면서 더 나은 성과를 거둘 수 있습니다.

교환학생으로 갔다가
돌아오는 학생 수와
계속 유학하는 학생
수의 비율은
어느 정도 되나요?

034 ★ A

★　교환학생 이후 국내 복학자와 재유학자에 관한 정확한 통계
정보는 없습니다.

　필자의 경험에 의하면 한국의 경기 상황과 매우 밀접하여, 경기
가 좋은 시기에는 미국 유학으로 이어가는 학생들이 많고, 한국의
경기가 나쁠 때는 국내에 복학하는 학생들이 많습니다.

아이가 교환학생을
가고 싶어 합니다.
1년 이상을 지원할 재정적
능력은 안 되고 1년 정도는
교환학생으로 고민하고
있는데요. 아이가 1년 후
계속 유학을 원하고
들어오기 싫어하면 어쩌나
고민되어 교환학생을
망설입니다.
어떻게 해야 할까요?

★ 아이가 교환학생을 가고 싶어하면 보내주라고 조언하고 싶습니다. 아이에게 더 넓은 세상을 보여주고 싶으시다면 학비, 주거비 등이 무료인, 상대적으로 최소의 비용이 드는 1년 교환학생을 보내라고 하고 싶습니다.

아이들은 1년 교환학생을 통해 매우 성숙하고 독립적인 학생으로 변해서 올 겁니다. 부모님의 경제력을 받아들여서 무리하게 유학을 다시 보내달라고 떼를 쓰는 학생들은 없습니다. 그리고 1년만 하고 돌아와도 아이가 앞으로 긴 인생을 살아가는 데 매우 깊은 안목과 지혜를 가질 만큼 큰 가치가 있습니다.

교환학생을 다녀온 후
국내에 복학하기로
결정하였다면
어떻게 공부하여야
잘 적응할 수 있을까요?

★　9월 학기 교환학생으로 떠난 경우 귀국하는 시점이 대략 5월 말에서 6월 초가 됩니다. 만약 중3 또는 고1때 떠난 학생이라면 7월에 있는 자사고, 외국어고, 국제고 등의 편입시험을 준비하는 것도 추천합니다.

일반 학교로 복학할 계획이라면 6월, 7월, 8월의 3개월 동안 부족했던 교과목을 따로 공부하실 수 있습니다. 아직 국내 친구들의 경우 7월 말까지 1학기를 공부하고 있는 시기이므로 본인은 상대적으로 시간적 여유가 많습니다. 필요한 교과목에 대하여 집중적으로 개인 공부를 할 수 있으므로 8월 중순부터 시작하는 2학기 이전에 복학 준비가 가능합니다.

한편, 1월 학기 교환학생이라면 귀국 시점이 12월 중순에서 1월 초순입니다. 이 경우 1월, 2월의 2개월 동안 복학 준비가 가능합니다. 단, 특목고 편입시험은 이 시기에는 없습니다.

Q ★ 037

교환학생 재단이
중요하다고 들었어요.
재단은 몇 개나
되나요?

★　2015년 2월 현재 교환학생 재단(스폰서 기관)은 78개입니다. 재단의 명칭 및 상세한 설명은 미국 국무부 홈페이지(http://j1visa.state.gov/participants/how-to-apply/sponsor-search/?program=Secondary%20School%20Student)에서 확인할 수 있습니다.

모든 교환학생 희망자는 반드시 미국 국무부의 승인을 받은 재단을 통해서만 지원할 수 있습니다. 이 재단들 중 CSIET(미국교환학생협의회)에 가입되어 있는 재단을 통해서 나가는 것이 좋습니다.

Sponsor Name	Address & Zip	City	State	Telephone
Academic Foundation for International Cultural Exchange	7242 La Jolla Boulevard 92037	La Jolla	CA	(858) 455-0302 Ext:
AFS USA, Inc.	120 Wall Street 4th Floor 10005	New York	NY	(646) 751-2009
AIFS Foundation Academic Year in America Program	1 High Ridge Park 6905	Stamford	CT	(203) 399-5100
American Academic and Cultural Exchange, Inc.	P O Box 285 22539	Reedville	VA	(804) 453-9070
American Councils for International Education: ACTR/ACCELS	1828 L Street NW, Suite 1200 20036	Washington	DC	(202) 833-7522 Ext:
American Cultural Exchange Service	One Lake Bellevue Drive, Suite 200 98005	Bellevue	WA	(425) 453-2237
Aspect Foundation	211 Sutter Street 10th Floor 94108	San Francisco	CA	(415) 228-8050
ASSE International, Inc.	228 North Coast Highway 92651	Laguna Beach	CA	(949) 494-4100 Ext 200
ASSIST, Inc. (American Secondary Schools for Int'l. Students	P.O. Box 969 6078	Suffield	CT	(860) 668-5706
Association for Teen-Age Diplomats, Inc.	ATAD/Suzanne Isgrigg 20 Santa Drive 14534	Pittsford	NY	(585) 586-8112
AYUSA International	600 California Street, 10th Floor 94108	San Francisco	CA	(415) 231-3852
Brookline Public Schools	115 Greenough Street 2445	Brookline	MA	(617) 713-5007
CCI Greenheart	712 N. Wells Street 60654	Chicago	IL	(312) 944-2544 Ext:
Central States Rotary Youth Exchange Program, Inc.	Rob Cranston 3 Wilmette Drive 61761	Normal	IL	(309) 826-6869
Council for Educational Travel USA	110 Grand Ave 98225	Bellingham	WA	(949) 940-1140 Ext:
Council on International Educational Exchange	300 Fore Street 4101	Portland	ME	(207) 553-4113
CULTURAL ACADEMIC STUDENT EXCHANGE, INC.	112 Squire Hill Road 7043	Montclair	NJ	(973) 655-0193
Cultural Homestay International	104 Butterfield Road 94960	San Anselmo	CA	(415) 459-5397 Ext:
Eastern States Student Exchange Program, Inc.	1162 Horseshoe Drive 19422	Blue Bell	PA	(610) 304-2161
Education Travel & Culture, Inc.	1029 SW Washington Street 97205	Portland	OR	(503) 222-9803

Educational Merit Foundation	6526 Lakecrest Drive 75048	Sachse	TX	(972) 495-3868
Educational Resource Development Trust	2601 Ocean Park Blvd., Suite 322 90405	Santa Monica	CA	(310) 450-4624 Ext:
EF Foundation for Foreign Study	One Education Street 2141	Cambridge	MA	(617) 619-2022
F.L.A.G., Inc.	950 Trade Centre Way Suite 303 49002	Portage	MI	(269) 629-0532
Face The World Foundation	755 Baywood Drive, Suite 380 94954	Petaluma	CA	(707) 559-5800 Ext:
Forte International, Inc.(Forte International Exchange Assn.	7115 Leesburg Pike Suite 217 22043	Falls Church	VA	(703) 237-1688
German American Partnership Program, Inc. (GAPP)	30 Irving Place, 4th fl. (Goethe-Institut) 10003	New York	NY	(212) 439-8700 Ext:
Global Insights	1094 Gordon Combs Road NW 30064	Marietta	GA	(770) 514-7346
International Cultural Exchange Services	International Cultural Exchange Services P.O. Box 1028 25526	Hurricane	WV	(304) 562-4793
International Education, LTD (Inter-Ed)	1865 Herndon Ave Ste K-153 93611	Clovis	CA	(559) 840-1011
International Experience USA	209 South Water Street Suite #102 55057	Northfield	MN	(507) 301-3614
International Fellowship, Inc.	P.O Box 130 14787	Westfield	NY	(716) 326-7277
International Friendship Committee	North Penn High School 1340 Valley Forge Rd. 19446	Lansdale	PA	(215) 853-1289
International Student Exchange	119 Cooper Street 11702	Babylon	NY	(631) 893-4540
Kamehameha Schools Kapalama Campus	2010 Princess Drive 96817	Honolulu	HI	(808) 842-8118
Kickapoo Area Schools	S6520 State Hwy 131 54664	Viola	WI	(608) 337-4401
Lakewood Sister Cities Program	P.O. Box 260861 80226	Lakewood	CO	(303) 238-5077
Nacel Open Door	380 Jackson Street, Ste. 200 55101	St. Paul	MN	(651) 686-0080
Newton Public Schools	100 Walnut Street 2460	Newton	MA	(617) 559-6115
NorthWest Student Exchange	4530 Union Bay Place NE, Suite 214 98105	Seattle	WA	(206) 527-0917

NW Services, Inc. PEACE Program	1415 W. Franklin Street 83702	Boise	ID	(208) 459-6772
Ohio-Erie Rotary Youth Exchange Program, Inc.	Jack T. Lundy 2583 Spring Mill Place 41005	Burlington	KY	(859) 586-4801
Organization for Cultural Exchange Among Nations	2101 East Broadway Road Suite 4 85282	Tempe	AZ	(480) 907-7285 Ext:
P.A.X. Program of Academic Exchange	14 Willett Avenue 10573	Port Chester	NY	(914) 690-1340 Ext:
People to People International - Sheboygan Chapter	1542 Golf View Drive East 53083	Sheboygan	WI	(920) 457-4318
ProAmerican Educational And Cultural Exchange	40 Water St. 17959	New Philadelphia	PA	(570) 277-6621
REFLECTIONS INTERNATIONAL, INC.	P O BOX 57 32724 STATE HWY 130 53556	LONE ROCK	WI	(608) 583-2412
Rocky Mountain Rotary Youth Exchange	29305 8th St 80750	Snyder	CO	(970) 842-5561
Roslyn Public Schools	300 Harbor Hill Road 11576	Roslyn	NY	(516) 801-5001
Rotary Distrct 6650 Youth Exchange Program, Inc.	203 Cleveland Avenue NW 44702	Canton	OH	(330) 757-3631
Rotary District 5950/5960 Youth Foundation	11251 Red Fox Drive 55369	Maple Grove	MN	(612) 272-8168
Rotary District 7210 Yex Inc	Nan Greenwood 3248 Sharon Turnpike 12545	Millbrook	NY	(845) 677-5767
Rotary District 7730 Youth Corporation	5907 Kings Ct 29410	Hanahan	SC	(843) 810-7603
Rotary International District 7170	Thomas G. Overbaugh 6061 Waterburg Road 14886	Trumansburg	NY	(607) 387-5274
Rotary International District 7470	112 Statesville Quarry Rd 7848	Lafayette	NJ	(973) 875-8552
Rotary Youth Exchange D 5190	P.O.Box 1076 95971	Quincy	CA	(530) 283-1728
Rotary Youth Exchange Florida, Inc.	5716 Stafford Springs Trail 32829	Orlando	FL	(904) 673-5566
Rotary Youth Exchange, District 5440	1640 Sesame St. 82401	Worland	WY	(307) 431-5909
Saugus High School	21900 W. Centurion Way 91350	Saugus	CA	(661) 297-3900 Ext:
So. Calif/Nevada Rotary Youth Exchange (SCANEX)	232 W. Harrison Ave 91711	Claremont	CA	(626) 930-0804
South Central Rotary Youth Exchange, Inc	7231 Batesville Pike 72076	Jacksonville	AR	(501) 377-4490
South Koochiching Rainy River School District	11731 Hwy 1 PO Box 465 56661	Northome	MN	(218) 897-5275 Ext:

States' 4-H International Exchange Programs	1601 Fifth Avenue, Suite 2230 98101	Seattle	WA	(206) 462-2201
STS Foundation	100 Main Street, Suite 420 1742	Concord	MA	(800) 522-4678
STUDENT AMERICAN INTERNATIONAL	4325 Dick Pond Road Unit A 29588	Myrtle Beach	SC	(843) 650-2101
TERRA LINGUA USA	3 Helen Road 6786	TERRYVILLE	CT	(203) 525-1231
The Foundation for Academic Cultural Exchange	855 Pennsylvania Dr 89503	Reno	NV	(775) 624-9143
The Foundation for Worldwide International Student Exchange	205 North Church Street Ste 2 38024	Dyersburg	TN	(731) 287-9948
U.S.-China Youth Exchange	1900 Pacific Coast Hwy #4 92648	Huntington Beach	CA	(714) 960-0416
United Studies, Inc.	100 Ridgeway Street, Suite 1A 71901	Hot Springs	AR	(501) 321-2000
Wessex, Inc.	22905 Lorinda Rd NW 98370	Poulsbo	WA	(510) 912-7523
Weston High School	444Wellesley Street 2493	Weston	MA	(781) 786-5800
Wisconsin Department of Public Instruction	PO Box 7841 125 S. Webster Street 53707	Madison	WI	(608) 267-9265
Woodstock Union High School	100 Amsden Way 5091	Woodstock	VT	(802) 457-1330
Young Life/Amicus	420 N. Cascade Avenue 80903	Colorado Springs	CO	(503) 528-6561
Youth For Understanding USA, Inc.	641 S Street, NW Suite 200 20001	Washington	DC	(202) 774-5252

교환학생 재단

교환학생 재단을 선택하는 기준이 있을까요?

★ 우선 CSIET(미국교환학생협의회) 회원사인지 여부를 확인하는 것이 가장 우선입니다. 그리고 인터넷 검색 등을 통해서 재단의 명성을 확인해 보기 바랍니다. 대체로 규모가 큰 재단은 미국 전 지역에 걸쳐서 학생을 배정하고 관리도 체계화된 경우가 많습니다.

규모가 작은 재단은 특정한 지역에 배정되는 경우가 많고, 큰 재단에 비해 오히려 세심한 관리가 이루어지는 경우도 있습니다. 따라서 재단의 크기를 장단점으로 보기는 어렵습니다.

하지만 한국에 파트너 회사가 없는 재단으로 지원하는 것은 피하시기 바랍니다. 또한 한국 파트너 회사가 규모가 있고 교환학생에 전문화된 회사인지를 보시기 바랍니다. 영세한 유학원이 미국 군소 재단과 파트너십을 맺고 모집하는 경우, 미배정 사고가 일어나기 쉽거나 관리의 부실 등이 생길 수 있습니다.

교환학생 프로그램을
진행하는 유학원이
많네요.
한국의 유학원은
어떻게 선택하나요?

★   한국에서 교환학생을 진행하는 유학원은 네이버 검색엔진에서 찾아 볼 경우 수십 군데가 나옵니다. 하지만 실제로 미국 교환학생 재단과 직접 파트너십을 가지고 있는 유학원은 그리 많지 않습니다. 반드시 미국 재단과 직접 파트너십이 되어 있는 유학원인지 확인하시기 바랍니다.

이때 국내 교환학생 전문 유학원들로 구성된 한국교환학생협의회(KASEP)의 멤버인 유학원이 좀 더 신뢰도가 높다고 할 수 있습니다.

왜냐하면 교환학생은 단순히 서류수속을 대행하는 선을 넘어서 미국에 체류하는 1년 내내 긴밀하게 관리가 되어야 하므로 교환학생 업무에 대한 숙련도가 높은 유학원이 중요합니다.

한국교환학생협의회(www.kasep.org) 회원사 명단

(2014년 기준. 가나다순)

회사 이름	홈페이지
국제교환학생재단	www.exchangestudent.co.kr
맛있는 유학	www.uhakchosun.com
씨씨유학	www.cici.co.kr
아담스	www.adams1518.com
ISC KOREA	www.isckorea.net
애임하이교육	www.ah.or.kr
에듀코리아	www.i-edukorea.com
영어포럼	www.koreaforum.co.kr
청담유학	www.cd-uhak.com
하니에듀	www.haniedu.com

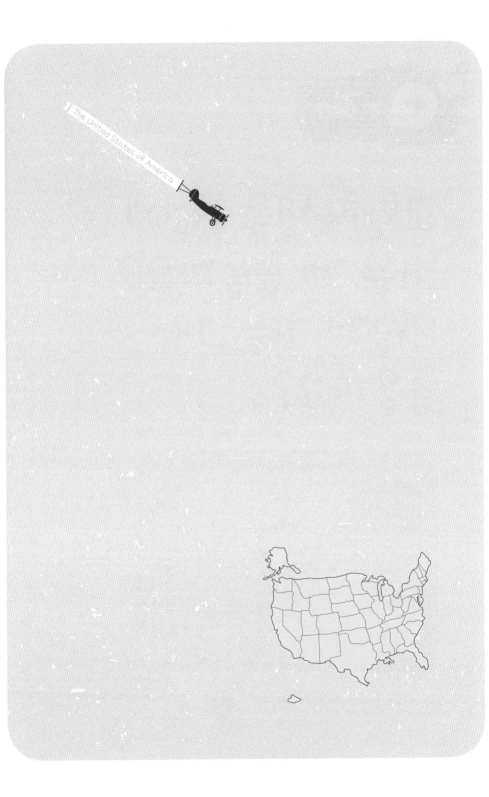

교환학생을 1월에 가는 게 좋을까요? 9월에 가는 게 좋을까요?

★ "1월 학기에 참가하는 게 좋다", 또는 "9월 학기에 참가하는 게 좋다?" 어느 쪽을 단정적으로 말할 수는 없습니다. 본인의 전체적인 계획에 따라서 결정하면 될 것입니다. 우선 현실적으로 알아야 할 것은 미국 교환학생은 대부분 여름학기(9월 학기)에 참가합니다. 미국 학교를 비롯해서 전 세계 대부분의 학교가 9월 학기를 택하기 때문입니다.

따라서 교환학생을 받으려고 하는 미국의 학교와 가정은 대부분 9월 학기를 중심으로 판단합니다. 1월 학기의 경우, 참가하고 싶어도 받아주는 미국의 학교와 가정은 매우 적습니다.

그러므로 기본적으로는 9월 학기를 기준으로 참가 여부를 결정하라고 권합니다. 그렇지만 본인이 확실하게 딱 1년만 참가하고 국내로 복학하겠다고 생각한다면 1월 학기 참가도 좋겠습니다.

왜냐하면 우리 한국의 학제는 3월 학기제이므로 1월에 참가하고 12월 말에 귀국하는 경우, 한국 학교에 복학할 때 학교적응이 편리하기 때문입니다. 즉 학기 중간에 끼어드는 것이 아니라 신학기에 맞춰서 복학하기 때문에 친구들과 어울리거나 새 학교에 적응하기에 좋습니다.

교환학생은 미국 학교 방학 기간 중 한국에 나왔다가 다시 들어가나요?

★ 미국 학교는 여름방학이 길고 겨울방학이 짧습니다. 9월 학기 교환학생의 경우, 미국 입국 후 겨울방학을 맞이하며 여름방학이 시작되면 교환학생 프로그램이 종료되므로 여름방학에 대해서는 생각할 필요가 없습니다.

겨울방학 때는 호스트 가정과 함께 지내게 되며, 한국으로 나오는 것을 허용하지 않습니다. 다만 1월 교환학생으로 참가할 경우 1월에 미국으로 들어가므로 6월초 부터 8월 중순 사이에 미국의 긴 여름방학을 지내게 됩니다.

이때 미국 호스트와 여름방학을 지내거나, 미국 재단이 마련한 국제학생 캠프에 참가하거나, 한국에 나왔다가 다시 들어가거나 할 수 있습니다.

캐나다 교환학생, 영국 교환학생은 어떨까요?

★　기본적으로 미국 교환학생처럼 정부에서 초청하는 프로그램은 미국만이 유일합니다. 즉 캐나다 교환학생, 영국 교환학생은 사실상 교환학생이라기보다는 유학 프로그램입니다. 미국 교환학생이 저렴하고, 또 정부초청이라서 신뢰도가 높아지자 캐나다, 영국의 조기유학 상품을 캐나다 교환학생, 영국 교환학생으로 포장하였다고 생각하면 됩니다.

Q ★ 043

교환학생을
호스트 하는
미국 가정은
어떻게 선발되나요?

★ 미국 호스트 가정의 선발은 교환학생 재단들이 가장 공을 들이는 일 중 하나입니다. 국무부의 요구 조건에 따라 학생들에게 편안한 숙식을 제공할 수 있는 가정이어야 합니다. 참고로 대표적인 교환학생 재단 CIEE의 호스트 선발 요건을 보면 아래와 같습니다.

CIEE의 호스트 가족들은 호기심이 많고, 개방적이고, 배려심이 많으며, 어린 학생이 새로운 환경에 적응하고 잘 지낼 수 있도록 도와줍니다. 한 학기 또는 두 학기 동안 가족의 일원으로 학생을 환영해주시기 바랍니다.

침대와 침실을 제공하여야 합니다.(나이가 비슷하고 같은 성별을 가진 아이가 함께 사용할 수 있습니다.)

학생이 공부할만한 장소를 제공하여야 합니다.

가정과 학교에서의 식사를 제공하여야 합니다.

학생에게 필요한 교통수단을 제공하여야 합니다.

CIEE hosts are curious, open-minded, caring, and willing to help a young student adjust and thrive in a new environment. Welcome a student into your home as a family member for one or two semesters.

Provide a bed and bedroom(can share with same gender close in age)

Provide an appropriate place to study

Provide meals, at home and school

Provide necessary transportation

교환학생 호스트 가정도 지원서를 작성하나요?

06/27/2012

★ 교환학생을 받아들이는 호스트 가정도 까다로운 심사과정을
거쳐 선발됩니다. 호스트 가정이 작성하는 지원서에는 학생에게
어떤 숙식을 제공할 수 있는지, 종교 활동, 취미 활동 등은 어떠한
지 등을 상세히 기술해야 합니다.

호스트 가정의 지원서 양식은 **018** 답변에서 〈호스트 가족 배정
서〉 양식을 참고하기 바랍니다.

만약 호스트 배정이 이뤄지지 않으면 어떻게 되는 건가요?

★　교환학생 프로그램의 가장 큰 단점이 호스트 배정의 불확실성이라고 할 수 있습니다. 유료 홈스테이 가정이 아니라 순수한 자원봉사 가정만 찾아서 배정하기 때문에 때로는 홈스테이 배정이 안 되어 교환학생 참가가 어려워지는 경우가 생기는 것입니다.

　호스트 배정이 안 될 경우 대부분의 교환학생 재단은 참가비를 환불하고 계약관계를 종료하거나, 다음 학기 교환학생 참가로 연기(postpone)하기도 합니다. 하지만 연기한다고 하더라도 배정이 보장되는 것은 아니기 때문에 여전히 불확실성이 있습니다.

Key Word & Tip

호스트 배정의 확실성을 높이려면?

첫째, 참가자가 호스트 가정에 매력적으로 보이도록 지원서를 잘 꾸미는 것이 중요하다. 예를 들어 참가자 A의 취미가 책읽기라고 하고 참가자 B의 취미가 농구라고 적혀 있다면 어느 참가자가 더 매력적일까?

미국의 대다수 호스트 가정은 매우 활동적인 취미를 가지고 있다. 그리고 호스트 가정이 원하는 것은 유학생에게 방을 빌려주려는 것이 아니다. 문화교류를 위해서 온 교환학생과 함께 어울리고 한 가족으로서 즐기고 싶은 것이다.

둘째, 공립학교 배정을 고집하지 않고 사립학교 배정을 받아들인다면 배정 확률이 더 높아진다. 최근 일부 공립학교의 경우 예산삭감으로 인해 교환학생 인원을 줄이려는 경향이 있다. 반면 사립학교는 교환학생이라도 학비를 받기 때문에 거부감이 없다. 따라서 배정이 어렵다고 판단되는 학생에게는 사립학교를 권유하는 재단들이 많다.

셋째, 일부 재단의 경우, 참가비를 추가로 내면 배정을 100퍼센트 보장하는 프로그램을 운영하기도 한다.(CIEE 재단의 Guarantee Placement System이 대표적이다. 참가자가 일정의 추가 금액을 낼 경우 7월 31일까지 배정을 해준다.)

교환학생 신청을
했어요. 미국으로
떠나기 전 한국에서
어떤 공부를 해두면
좋을까요?

★ 교환학생을 가기로 했다면 출국 전까지 미국 문화, 미국 역사 등에 대하여 많이 공부해 두는 것이 필요합니다. 그래야 현지에 적응을 하는 데 도움이 됩니다. 특히 미국인의 삶은 대부분 서양문화에 기반을 두기 때문에 우리 한국인의 정서와 다른 경우가 매우 많습니다.

미국 학교 수업에 도움이 되는 교과목에 대하여 미리 공부하는 것도 도움이 됩니다. 하지만 대부분의 학생들이 한국 학교의 과중한 학업도 소홀히 할 수 없기 때문에 미국 교과목을 공부하는 것은 쉽지 않습니다. 수학, 과학 등의 용어만이라도 미리 공부해 두면 좋습니다. 또한 미국사(US History)를 한국어로 된 책이라도 미리 읽어둔다면 도움이 될 것입니다.

교환학생 참가를 결정하였다 하더라도 한국 교과목 공부를 소홀히 하면 안 됩니다. 교환학생 참가를 위해서 최종적으로 대사관 인터뷰를 할 때 한국 학교 성적이 나쁘면 비자가 거절될 수도 있으며, 귀국 후 대입 준비를 위해서도 소홀히 하면 안 됩니다.

또한 미국 교환학생 기간 중 한국에 대한 소개를 위해서 한국사에 대한 공부도 해두는 것이 좋습니다.

Key Word & Tip

미국 문화의 큰 특징 : Thank you! Excuse me 등의 언어 예절이 중요하다.

미국 역사 이해를 돕는 책 : 『먼나라 이웃나라』(이원복 저, 김영사), 『처음 읽는 미국사』(역사교사모임 저, 휴머니스트), 『미국사 다이제스트 100』(유종선 저, 가람기획), 『오늘의 미국을 만든 미국사』(김봉중 저, 위즈덤하우스)

호스트가
마음에 안 들면
바꿀 수 있나요?

★   호스트 배정은 최초에 학생이 작성한 지원서를 바탕으로 진행되며, 지원서에서 미리 밝힌 사항이라면 재배정을 요청할 수는 있습니다. 하지만 인종(흑인, 백인 등), 지역, 호스트 가정의 직업 등을 이유로 배정을 거부할 수는 없습니다.

왜냐하면 호스트 가정은 지원 학생의 프로필을 보고 자원봉사로 학생의 양부모가 되어 주겠다고 나선 사람들이므로 감사하는 마음가짐이 우선 필요합니다.

만약 인종, 직업 등의 이유로 호스트 가정을 거절한다면 그들에게 상처를 주게 될 것이기 때문입니다.

교환학생은 꼭
미국 교환학생
재단을 통해서만
갈 수 있나요?

★　교환학생에 참가하려면 반드시 미국 교환학생 재단을 통해야 합니다. 교환학생 프로그램을 총 책임지는 것은 미국 국무부이지만 학생을 직접 선발하는 일은 모두 국무부에서 승인한 비영리 재단(non profit organization)에서 합니다.

2014년 기준으로 미국에는 모두 78개의 교환학생 재단이 있습니다. 모든 교환학생 재단은 국무부로부터 매년 몇 명을 선발할 수 있다는 쿼터(quota)를 받습니다. 재단의 규모에 따라서 어떤 재단은 불과 몇 십 명을 선발할 수 있으며, 어떤 재단은 천 명 이상을 선발하기도 합니다.

그리고 모든 재단들은 해외 각국의 파트너(representative)를 통해서 학생을 선발합니다. 간혹 미국 재단으로 직접 참가 문의를 하는 학생들이 있으나 그럴 경우 재단은 해당 국가의 파트너 회사를 통해서 신청서를 내도록 합니다. 참가 신청서를 제출하여 참가승인이 나면 교환학생 재단은 해당 학생이 교환학생 비자를 받을 수 있는 초청장(DS-2019)을 보내 줍니다.

U.S. Department of State
CERTIFICATE OF ELIGIBILITY FOR EXCHANGE VISITOR (J-1) STATUS

OMB APPROVAL NO.1405-0119
07/31/2014
ESTIMATED BURDEN TIME: 45 min
*See Page 2

1. Family Name:	First Name:		Middle Name:		Gender: MALE

Date of Birth (mm-dd-yyyy):	City of Birth: SEOUL	Country of Birth: SOUTH KOREA	Citizenship Country Code: KS	Citizenship Country: SOUTH KOREA

J-1

Legal Permanent Residence Country Code: KS	Legal Permanent Residence Country: SOUTH KOREA	Position Code: 223	Position: SECONDARY SCHOOL STUDENT

Primary Site of Activity: CIEE
CIEE
300 Fore Street
Portland, ME 04101

2. Program Sponsor: Council on International Educational Exchange   Program Number: P-3-05143

Participating Program Official Description:
STUDENT SECONDARY

Purpose of this form: Begin new program; accompanied by number (0) of immediate family members.

3. Form Covers Period:	4. Exchange Visitor Category:
From (mm-dd-yyyy): 08-15-2014	STUDENT SECONDARY
To (mm-dd-yyyy): 06-15-2015	Subject/Field Code: 53.0299 Subject/Field Code Remarks: N/A

5. During the period covered by this form, the total estimated financial support (in U.S. $) is to be provided to the exchange visitor by:
Personal funds : $2,000.00
Total : $2,000.00

6. U.S. DEPARTMENT OF STATE / DHS USE OR CERTIFICATION BY RESPONSIBLE OFFICER OR ALTERNATE RESPONSIBLE OFFICER THAT A NOTIFICATION COPY OF THIS FORM HAS BEEN PROVIDED TO THE U.S. DEPARTMENT OF STATE (INCLUDE DATE).	7. John Kittredge	Alternate Responsible Officer
	Name of Official Preparing Form	Title
	300 Fore Street Portland, ME 04101	888-268-6245
	Address of Responsible Officer or Alternate Responsible Officer	Telephone Number
	_S._	05-14-2014
	Signature of Responsible Officer or Alternate Responsible Officer	Date (mm-dd-yyyy)

8. Statement of Responsible Officer for Releasing Sponsor (FOR TRANSFER OF PROGRAM)
Effective date (mm-dd-yyyy): _____ Transfer of this exchange visitor from program number _____ sponsored by _____ to the program specified in item 2 is necessary or highly desirable and is in conformity with the objectives of the Mutual Educational and Cultural Exchange Act of 1961, as amended.

Signature of Responsible Officer or Alternate Responsible Officer   Date (mm-dd-yyyy) of Signature

PRELIMINARY ENDORSEMENT OF CONSULAR OR IMMIGRATION OFFICER REGARDING SECTION 212(e) OF THE IMMIGRATION AND NATIONALITY ACT AND PL 94-484, AS AMENDED (see item 1(a) of page 2).	TRAVEL VALIDATION BY RESPONSIBLE OFFICER (Maximum validation period is 1 year*)
The Exchange Visitor in the above program:	*EXCEPT: Maximum validation period is up to 6 months for Short-term Scholars and 4 months for Camp Counselors and Summer Work/Travel.
1. ☐ Not subject to the two-year residence requirement.	(1) Exchange Visitor is in good standing at the present time
2. ☐ Subject to two-year residence requirement based on:	
A. ☐ Government financing and/or	*(ALL USAID PARTICIPANTS G-2-00263 AND ALL ALIEN PHYSICIANS SPONSORED BY P-3-04510 ARE SUBJECT TO THE TWO-YEAR HOME RESIDENCE REQUIREMENT)*
B. ☐ The Exchange Visitor Skills List and/or	Date (mm-dd-yyyy)
C. ☐ PL 94-484 as amended	
	Signature of Responsible Officer or Alternate Responsible Officer
Name Title	(2) Exchange Visitor is in good standing at the present time
	Date (mm-dd-yyyy)
Signature of Consular or Immigration Officer Date (mm-dd-yyyy)	Signature of Responsible Officer or Alternate Responsible Officer

THE U. S. DEPARTMENT OF STATE RESERVES THE RIGHT TO MAKE FINAL DETERMINATION REGARDING 212 (e).

EXCHANGE VISITOR CERTIFICATION: I have read and agree with the statement in item 2 on page 2 of this document.

Signature of Applicant   Place   Date (mm-dd-yyyy)

DS-2019
07-2011

Page 1 of 2

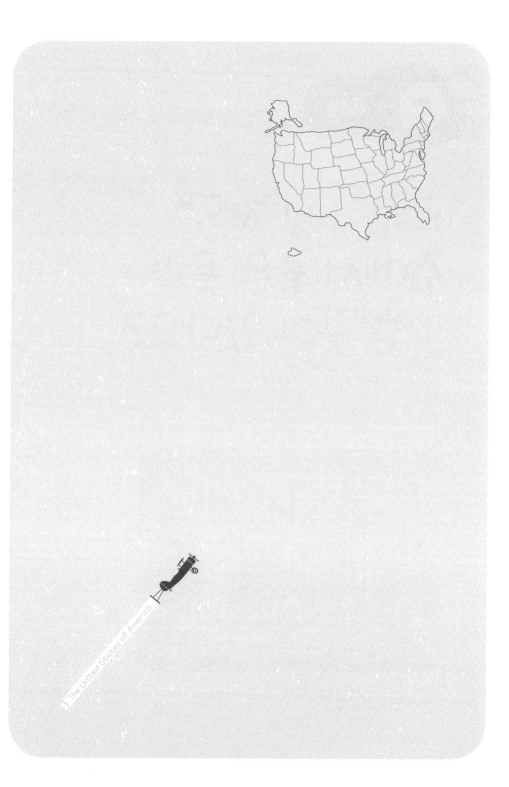

교환학생 재단 중에서 좋은 곳과 나쁜 곳이 있나요?

★　미국 교환학생 재단마다 다른 특징이 있습니다. 어떤 재단은 유럽 학생 선발 비중이 높은 곳도 있으며, 아랍권 학생 선발 비중이 높은 곳, 남아메리카 학생 선발 비중이 높은 곳도 있습니다.

이런 재단들은 상대적으로 아시아권 학생에 대한 이해가 부족할 수 있습니다. 한국 학생이 현지에서 문제가 발생할 경우 학생의 입장을 제대로 이해하지 못하여 불이익이 초래될 수도 있다는 뜻입니다.

또한 교환학생 재단은 규모에 있어 재단별 차이가 매우 큽니다. 불과 몇 십 명만 선발할 수 있는 재단은 대부분 규모가 영세하여 학생 관리도 체계적이지 못한 경우가 많습니다.

따라서 교환학생 참가를 고려할 때 미국 교환학생 재단이 어떤 곳인가 하는 것을 미리 잘 살펴봐야 합니다. 인터넷 검색 등을 통해서 재단의 평판을 확인한 후 지원할 것을 권합니다.

한국 문화를
잘 소개하고 싶어요.
어떤 방법이
좋을까요?

★　한국 가수인 싸이(PSY)가 2012년 발매한 〈강남스타일 (Gangnam Style)〉의 세계적인 열풍으로 인해 많은 외국인들이 한국에 대한 관심을 갖고 있습니다. 미국 고교생들도 한국의 젊은 가수 등 아이돌 그룹에 관심이 많습니다.

유행하는 K-POP을 소개하거나 한국의 대표적인 음식인 불고기, 라면, 떡볶이 등을 직접 요리하여 한국의 음식에 대해 알려주면 좋아할 것입니다. 또한 한국의 전통의상인 한복을 입고 학교 또는 지역사회 행사에 참여하여 한국을 소개할 수 있습니다.

한편, 호스트 가정이나 학교에서 문화의 차이점을 발견하였을 때 미국인들에게 한국에서의 방식에 대하여 알려주는 것도 좋습니다. 예를 들어 한 학생의 경우, 호스트 엄마와 대화를 하였을 때, 눈을 쳐다보지 않고 대화를 하여 무례하다는 소리를 들은 적이 있습니다. 미국에서는 대화를 할 때 상대방의 눈을 바라보며 대화를 해야 하지만 한국에서는 그렇지 않기 때문에 한국의 방식대로 하다가 오해를 받은 경우입니다. 이러한 경우에는, 미국의 방식이 익숙해질 때까지 노력이 필요하므로 한국의 방식을 잘 설명하여 상대방이 오해를 하지 않도록 해야 합니다.

Q ★ 051

미국 호스트 가정에서 겪게 되는 가장 큰 어려움은 무엇인가요?

★　대부분의 호스트 가정은 오픈 마인드가 되어 있는 따뜻한 가정입니다. 하지만 미국 가정은 우리 한국 학생에게는 매우 엄격하다고 느껴질 수 있습니다.

미국 가정은 가정 예절, 가정의 규칙을 중요하게 생각합니다. 대부분의 가정은 자녀들의 저녁 통금시간(curfew time)이 정해져 있습니다. 저녁 7시까지는 청소년 자녀들이 반드시 귀가하는 것을 가정의 규칙으로 정하는 집이 많습니다. 한편, 가사분담을 원칙으로 정하는 가정도 많습니다. 대부분 아들의 경우 잔디 깎기, 딸의 경우 부엌일을 가사 분담하도록 합니다.

한국의 학생들은 저녁 10시까지 학원, 학교에서 공부하고 돌아오는 경우가 대부분이며, 가사를 돕지 않더라도 자기 방에서 공부하는 것을 더 권유 받으며 자랐습니다. 따라서 미국 가정의 중요한 규칙 – 저녁 통금시간, 가사분담에 대하여 익숙하지 않아 갈등을 겪는 수가 있습니다.

또한 미국 가정은 대화와 감사 인사를 소중하게 생각합니다. 저녁 식사 후 자기 방으로 들어가서 방문을 닫기보다 가족이 함께 TV를 보며 얘기를 나누는 것, 매사에 "Thank you!"라고 말하고 "Please"를 넣어서 공손하게 표현하는 것이 중요합니다.

미국에 아는 친척이
있습니다.
교환학생으로
참가하면서 친척집을
호스트 가정으로
정할 수 있나요?

★　교환학생 경우 친척집에 머무는 것은 허용되지 않습니다. 만약 낯선 곳에 가는 것이 정말 두렵다면, 그리고 미국의 친척이 도와줄 수 있다면 다음과 같은 방법은 가능합니다. 친척을 통해서 교환학생을 받을 수 있는 미국 가정을 찾습니다.

그리고 그 미국 가정의 정보를 교환학생 재단에 알려줍니다. 교환학생 재단이 그 미국 가정을 조사, 인터뷰하여 교환학생을 받을 수 있는 적절한 가정이라고 판단되면 그 가정에 희망 학생을 배정할 수 있습니다. 단, 그 가정에서 다닐 수 있는 미국 고등학교에서 교환학생을 받아주어야 합니다.

교환학생의 정확한
나이 제한을 알려주세요.
현재 중3이고, 8월 10일생
인데 어떤 유학원은 갈 수
있다 하고, 어떤 유학원은
갈 수 없다고 하네요.
정확한 나이 제한 기준을
알고 싶어요.

★　교환학생은 미국 국무부 공식적인 마감일이 8월 31일입니다. 따라서 이론적으로는 8월 31일 이전에 만 15세 생일을 맞이한다면 갈 수 있습니다.

　그러나 현실적으로는 미국 학교 개학일이 8월 초부터 9월 초 사이이므로 8월 10일 이후 생일인 경우 개학 날짜에 맞춰 들어갈 학교가 상대적으로 적습니다.

　그래서 재단에 따라서는 7월 말 이전 생으로 제한하는 경우가 많습니다. 만일 8월 10일생까지 받아주는 재단이라면 배정 능력이 좋은 편이라고 볼 수 있습니다.

중3에서 고2 기간 중 교환학생은 언제 참가하는 게 좋을까요?

★ 교환학생 참가 시기는 개인적인 목적에 따라서 중3이 적합할 수도 있고, 고2에 가더라도 괜찮을 수 있겠습니다. 오히려 그런 획일적인 기준보다는 학생의 영어 능력, 정신적인 성숙도 등을 고려해서 판단하는 게 좋습니다.

영어능력, 정신적 성숙도가 좋다면 중3때 가는 편이 여러모로 많은 기회를 가질 수 있을 것 같습니다. 즉 교환학생 이후 국내학교 복학이든, 미국 유학이든 다양한 가능성을 열어 둘 수 있기 때문입니다.

그렇다고 고2라고 해서 무조건 늦었으니까 포기해야 한다는 것도 맞지 않습니다. 제가 아는 많은 학생들이 고2때 교환학생에 참가하여 그 후에 국내대학이든, 해외대학이든 좋은 진학 결과를 보였기 때문입니다.

교환학생을 신청하고 출국하기까지 어떤 절차를 거치는가요?

★ 통상적으로 교환학생은 다음의 과정을 거쳐서 참가합니다.

상담 및 영어 테스트(SLEP 또는 ELTiS) → 참가 신청서 및 재단 원서 작성 → 미국 재단으로부터 합격 통지서(Acceptance Letter) 수령 → 정식 초청장(DS-2019) 수령 → 미국 대사관 비자 인터뷰 → 출국 준비 오리엔테이션 → 미국 학교, 홈스테이 배정 → 출국 → 도착 오리엔테이션 → 배정 홈스테이 지역으로 이동 → 교환학생 생활 시작!

교환학생의 호스트
가정은 무료 자원봉사
라는데, 왜 호스트를
하나요? 믿을 수 있는
건가요?

178

★ 　호스트 가정은 미국 국무부의 엄격한 심사 기준 아래 각 재단의 지역관리자들이 엄격하게 선발하기 때문에 믿을 수 있습니다. 모든 가정이 범죄기록조회(CBC, Criminal Background Check)를 필수적으로 거쳐야 하며, 가족 구성원 전체 인터뷰를 통해서 교환학생을 받아들일 수 있는 오픈 마인드가 있는 가정인지 확인합니다. 또한 교환학생에게 편안한 숙식을 제공할 수 있는 가정인지 지역관리자가 반드시 현장실사를 한 후에 선발합니다.

　교환학생 홈스테이 가정은 오히려 유료 홈스테이 가정보다 더 부유한 가정이 많습니다. 돈을 벌기 위해서 홈스테이를 하는 것이 아니라 새로운 문화에 대한 호기심 때문에 교환학생을 받아들이는 것입니다. 그만큼 경제적으로 여유로운 가정이 대부분입니다.

교환학생은
한 가정에 한 명만
배정되나요?

★　일반적으로는 한 가정에 한 명만 배정합니다. 그러나 국무부 규정에 의하면 한 가정에 2명까지 배정이 가능합니다. 단, 그 2명은 같은 나라 학생이거나 같은 언어를 쓰는 학생이면 안 됩니다.

(No more than two foreign secondary school students may be placed in a host family home, and can only be placed if all regulatory requirements are met : Students are not from the same countries or have the same native language.)

어릴 때 교환교수로
나간 아버지를 따라
미국 학교에 1년
다녔어요. 저도
교환학생에 참가할
수 있나요?

★ 아버지를 따라 미국에 체류하였다면 당시 본인은 J-2 비자 상태였다고 할 수 있습니다. 본인이 이전에 J-1, F-1 비자를 받았던 적이 없다면 교환학생에 참가할 수 있습니다. 즉 J-2 상태였으므로 교환학생(J-1) 신청이 가능합니다.

Q ★ 059

중1입니다. 2년 후 교환학생을 가려면 지금부터 어떻게 준비해야 하나요?

★ 교환학생은 참가 시점에 영어 능력이 미국 학교 수업을 최소한 이해할 수 있는 정도는 되어야 합니다. 그 기준을 SLEP 45 또는 ELTiS 212점 등으로 보는 것입니다. 따라서 중1이라면 아직 여유가 충분하므로 영어 실력을 기르는 것이 가장 중요합니다. 물론 학업 성적도 반영되므로 최소한 중간 이상의 성적은 유지하여야 합니다.

영어 공부는 문법 위주의 공부보다는 말하기, 쓰기 위주의 영어 공부를 하시기 바랍니다.

방학 기간을 이용해서 해외 영어 캠프를 다녀오는 것도 좋은 준비가 될 것입니다. 영어뿐만 아니라 다른 문화에 대한 이해력이 높아지기 때문입니다.

만약 태권도 등의 운동이나 음악, 미술 등의 특별활동을 하는 게 있다면 중단하지 말고 계속 할 것을 권합니다. 공부만 하던 학생보다는 다양한 활동을 즐긴 학생이 교환학생으로서 더 적합합니다.

교환학생을
다녀오면 영어가
얼마나 늘까요?

★ "1년의 교환학생으로 영어가 얼마나 늘까요……" 하는 회의적인 질문을 하는 분이 많습니다. 그런 분들에게 솔직히 얼마나 향상된다고 얘기하기보다 교환학생으로 다녀온 학생을 직접 만나게 해 주는 것이 가장 설득력이 높았습니다.

교환학생은 부모님들이 믿기 어려울 정도로 영어가 많이 늘어서 돌아옵니다. 왜냐하면 거의 일 년을 영어 몰입환경에 살기 때문입니다. 아직도 뇌 성장 단계가 멈추지 않은 청소년기이기 때문에 받아들이는 속도, 받아들이는 능력이 어른들의 상상과는 다릅니다. 특히 발음은 대학생 이후에 유학을 갔다면 고쳐지기 어렵지만 고등학교 교환학생은 마치 미국인처럼 느껴질 정도로 바뀌어서 돌아옵니다.

토익점수로 비교해서 설명하면 가기 전에 비해 약 200점 정도의 상승을 보입니다. 토익 700점 정도의 학생이 교환학생을 다녀오면 900점 정도가 된다는 뜻입니다. 실제 영어 능력은 단순히 점수 900 보다는 훨씬 뛰어납니다.

대학입시에 필요한 문법, 글쓰기 능력은 늘지 않을 것이라고 하는 분도 있습니다. 한국식 문법 영어는 늘지 않는다고 볼 수 있지만 글쓰기 능력은 매우 향상됩니다. 미국 학교생활 자체만으로도 글쓰기 능력은 많이 향상됩니다. 주입식 교육이 아니기 때문에 사고력이 향상되며, 글쓰기 능력도 그에 맞춰서 향상되는 것입니다.

교환학생을 다녀오면 대학 진학에 유리할까요?

★　교환학생은 유학 프로그램이 아니라 순수한 문화교류 프로그램이므로 대학 진학과 연계해서 답변하는 것은 맞지 않다고 할 수 있습니다. 그렇지만 1년의 교환학생을 통해서 다음과 같은 변화를 겪으므로, 그 변화가 대학 준비에 반영될 것입니다.

첫째, 영어가 무척 향상된다. 요즘 주목받고 있는 '국제학부 전형', '글로벌 전형' 등을 노려서 대학준비를 할 수 있습니다. 또한 송도 글로벌캠퍼스 등에 들어온 해외대학 한국캠퍼스도 생각해 볼 수 있습니다.

둘째, 사고력이 향상된다. 주입식교육이 아니라 토론식, 팀워크를 통한 협동공부가 미국식 교육입니다. 따라서 일 년의 교환학생을 통해서 생각하는 힘이 많이 길러집니다. 사고력이 향상되며 발표력이 좋아집니다.(영어 발표력뿐만이 아니라 우리말 발표력도 향상됩니다.)

셋째, 독립심이 길러진다. 자기 주도 학습능력이 길러진다고 볼 수 있습니다. 이는 변화하는 대학입시 경향과도 잘 어울립니다. 최근의 대학입시는 단순히 점수를 잘 맞는 학생보다는 다양한 잠재력을 가진 학생을 선호합니다. 교환학생 출신은 학생부 전형에서 남다른 장점을 보여줄 수 있습니다.

교환학생을 다녀오면
취업에 유리할까요?

★ 어쩌면 교환학생은 10년 후, 20년 후의 나의 미래를 위해 필요한 프로그램일 수 있습니다. 최근에 2000년대 초반, 교환학생 출신들의 근황을 보면 나의 미래를 예측할 수 있습니다. 필자를 통해서 교환학생을 다녀온 많은 학생들이 이제 취업전선에 나서고 있으며 대부분 글로벌 기업에 취업하고 있습니다. 특히 글로벌 기업 면접에서 교환학생 체험은 다른 입사지원자와 차별화되는 큰 장점으로 부각됩니다. 왜냐하면 단순히 돈으로 떠난 유학이 아니라 '도전정신'과 '글로벌한 문화 감각'을 기른 남다른 체험이기 때문입니다.

Key Word & Tip

교환학생 취업 사례

2003년에 교환학생에 참가한 L양의 경우, 국내 명문대학에 진학한 후, 미국 인디애나 주립대로 편입, 미국 AICPA 합격, 세계 최고의 회계법인 KPMG 입사(입사 면접 도중 교환학생 체험에 대하여 큰 관심을 보여 교환학생 재단의 인증서를 제출토록 요청받았다고 함).

2004년에 교환학생에 참가한 B군의 경우, 경희대 기계공학과 졸업 후 H건설 입사. 이후 사우디 플랜트 공사현장 파견(입사 면접 중 교환학생 체험을 통해서 배운 점들에 면접관이 주목하였다고 함).

그밖에 미국 메릴린치 투자은행, 삼성전자, CJ 등 국내외 대기업에 많은 합격자 배출, 합격자 대부분은 글로벌 부서에서 근무함.

교환학생으로 참가하기에 적합한 성격이 있을까요?

★ 교환학생은 미국 문화 혹은 외국 문화에 대한 호기심이 있는 학생일수록 좋습니다. 또한 사회성이 좋고, 배려심이 많은 학생이어야 합니다. 소극적이거나 내성적인 경우 현지 문화에 대한 적응력이 떨어지므로 교환학생 참가에 적합하지 않습니다.

그러나 본인이 교환학생의 특징을 충분히 이해하고 스스로를 적극적인 성격으로 변화시키고자 하는 학생에게는 추천할 수 있습니다. 대부분의 교환학생 경험자들이, 교환학생에 참가한 후 성격이 외향적으로, 또 밝은 쪽으로 변화했다고 합니다.

교환학생으로 가면
무료 호스트 가정이라
일을 많이 시켜
고생이 많다고 하던데
사실인가요?

★　미국 가정은 대부분 자기 자녀들에게도 집안일을 시킵니다. 공부 못지않게 집안일을 나누어서 하는 과정도 성장기 교육이라고 생각하기 때문입니다.

우리 교환학생에 대해서도 마찬가지입니다. 남이 아니라 한 가족이라 생각하기 때문에 당연히 집안일을 나누어 할 것으로 기대하는 것입니다.

그러나 염려하는 것과 같이 노동자처럼 일을 시키려고 교환학생을 받아들이는 가정은 절대로 없습니다.

공립학교는 ESL
과정이 없을 텐데
아이들이 바로 현지
학생들과 수업이
가능한가요?

196

★ 미국 공립고교는 지역에 따라, 여건에 따라 ESL을 개설한 학교도 있고 개설하지 않은 학교도 있습니다. 외국으로부터의 이민 가정 등이 많은 공립학교는 ESL이 있는 경우가 대부분입니다. 교환학생 참가자는 SLEP시험을 통과하였으므로 대부분 ESL을 듣지 않습니다.

하지만 학생이 현지 학업을 따라가는 데 심각한 어려움을 겪는다고 학교에서 판단하면 ESL을 듣게 합니다. 그리고 ESL이 개설되지 않은 학교라면 영어 실력이 미국 수업을 따라갈 수 있을 때까지 개인 튜터를 붙여 주기도 합니다.

교환학생은 최소한 "C" 학점을 유지해야 하는 조건이 있다고 들었어요. 혹시 학점 유지를 못해서 쫓겨 오는 경우도 있나요?

★   생활태도의 불량이 문제가 되어서 조기 귀국하는 학생은 있지만 성적이 문제가 되어 귀국하는 학생은 거의 없습니다. 그러나 전혀 없다고 할 수는 없고, 정말 희귀한 사례이지만 성적이 나빠서, 즉 학점을 C+이상 유지하지 못하여 귀국 당하는 경우도 있습니다.

이런 학생들은 대부분 생활의 문제와 같이 얽혀 있는 경우입니다. 즉 미국에 가서도 컴퓨터 게임에서 헤어나지 못하여 학업을 게을리한 경우가 많습니다. 특히 F학점을 받게 되면 경고장도 없이 바로 강제 귀국시키는 재단도 있으니 유의하시기 바랍니다.

현재 중국에서 유학
중입니다. 저도 교환학생으로
갈 수 있나요?
미국 교환학생을
진행하려면 다시 한국으로
귀국해야 하나요?
아니면 여기서도 진행할 수
있나요? 절차와 방법을
알려주세요.

★   중국 등 해외에 거주하는 학생들도 현재 해당국가에서 고교
재학 중이라면 교환학생에 지원할 수 있습니다. 단, 한국 국적으로
지원하는 경우에는 한국에 있는 교환학생 회사를 통해서 지원하
는 것이 편리합니다. 한국에 있는 유학원을 통해서 원서를 진행하
게 된다면 당연히 출국 수속도 한국에 있는 미국 대사관을 통해서
하는 것이 편리합니다.

SEVIS가
무엇인가요?

★　SEVIS는 Student and Exchange Visitor Information System의 약자입니다. 미국 정부에서 유학생, 교환방문자들의 정보를 관리하는 시스템입니다.

2001년 9.11 테러 이후 미국 입국자의 신원을 빈틈없이 관리하기 위하여 개발되었으며, J, F, M 비자 소지자들은 예외 없이 SEVIS 시스템에 등록하여야 합니다.

또한 학생을 초청하는 스폰서 기관(미국 교환학생 재단, 미국 학교, 학원) 등은 SEVIS에 스폰서 기관으로 등록하여야 합니다.

교환학생으로
나가려면 자퇴를
해야 한다고 합니다.
사실인가요?

★   중3까지는 의무교육이므로 자퇴가 되지 않습니다. 학생이 출국한 후 계속 결석으로 처리되다가 법정 수업일수를 채우지 못하게 될 때(결석일이 69일을 넘어설 때) 학교에서 제적처리하게 됩니다.

고1 이후부터는 자퇴 처리를 하게 됩니다. 그러나 중3 제적처리나 고교생의 자퇴 처리는 서류적인 절차일 뿐이므로 두려워할 필요는 없습니다. 이론적으로 한국과 미국 2개 국가에 학적을 동시에 남겨둘 수는 없기 때문입니다. 이 부분에 대해서는 전혀 심각하게 생각하실 필요가 없습니다.

즉 교환학생은 미국으로 1년간 전학을 가는 거라고 생각하면 됩니다. 귀국하면 미국 학교 성적표를 근거로 상급학교, 상급학년 진학에 아무런 문제가 없습니다.

교환학생 원서 중 예방 접종 서류가 있는데 어떤 예방 접종이 필요한가요?

★ 교환학생에 참가하려면 가까운 내과를 방문하여 아래와 같이 예방 접종을 받아 두어야 합니다.

교환학생에게 필요한 예방 접종 리스트

1	Polio(TOPV) : 소아마비	3번 이상의 접종을 받아야 하며, 마지막 접종이 4세 이전이었으면 한 번의 접종을 더 받아야 합니다.
2	Hepatitis B : B형 간염	3번의 접종을 받아야 합니다.
3	DPT and/or TD and/or TDaP : 디프테리아, 백일해, 파상풍	4회 이상의 접종을 받고 마지막 접종 후 10년 이상이 지났다면, 접종을 1회 더 받아야 합니다.
4	Measles : 홍역	2번의 접종을 받거나 질병 기록이 있어야 합니다.
5	Rubella : 풍진	2번의 접종을 받거나 질병 기록이 있어야 합니다.
6	Mumps : 볼거리	2번의 접종을 받거나 질병 기록이 있어야 합니다.
7	Chicken Pox : 수두	2번의 접종을 받아야 합니다.
8	Hepatitis A : A형 간염	2번의 접종을 받아야 합니다.
9	Meningococcal : 뇌수막염	1번의 접종을 받아야 합니다.

＊ 이 예방 접종 리스트는 CIEE 재단을 기준으로 하여 작성함(재단별로 요구 조건이 약간씩 다를 수 있음).

＊ 모든 예방 접종 횟수는 학생이 출생 후부터 접종 받은 횟수를 말한다.

CSIET가
무엇인가요?

★ CSIET(The Council on Standards for International Educational Travel)는 미국 국무부의 교환학생 프로그램을 운영하는 재단, 학교들이 표준을 제정하기 위하여 구성한 협의체입니다.

그 자체가 어떤 법적인 구속력을 가진 단체는 아니지만 미국 국무부의 두터운 신임을 받고 있으며 대부분의 미국 교환학생 재단들이 CSIET(미국교환학생협의회)의 회원사입니다.

회원사의 등급을 업무 능력에 따라 Full(완전), Provisional(잠정), Conditional(조건부)로 나누고 있습니다. 내가 지원하려는 교환학생 재단이 어떤 등급인지 살펴보는 것도 좋습니다. 하지만 절대적이지는 않습니다.

Full 등급을 받은 재단이라도 한국 학생에 대한 이해가 부족할 수 있고, Provisional 등급의 재단이라도 한국 학생에 관하여서는 업무 능력이 좋을 수도 있습니다.

귀국 후 복학하려면
아포스티유 인증을
받아 오라고 합니다.
아포스티유가
무엇인가요?

★ 아포스티유(Apostille)는 외교적인 공문서 인증 절차라고 할 수 있습니다. 협약 당사국 간에 상대국에서 발행한 문서를 공식적으로 인정하는 절차입니다.

교환학생으로 참가한 학생들은 귀국을 할 때 학교에서 받은 성적증명서, 재학증명서를 체류하고 있는 지역에서 가까운 아포스티유 사무실로 보내 아포스티유 인증을 받은 후 편입학을 할 학교에 제출하여야 합니다.

그런데 교환학생들이 귀국하는 시점은 대부분 성적표가 나오기 전인 경우가 많아서, 호스트 가족 또는 미국 재단에 아포스티유 인증 업무를 위임하고 귀국하는 경우가 많습니다.

또는 성적표, 재학증명서 등을 한국 집으로 받은 후 국내 아포스티유 대행업체를 통해서 인증을 받는 경우도 있습니다.

교환학생 체류 기간 중에 호스트 부모가 이혼을 하게 되었다고 합니다. 어떻게 해야 하나요?

★   한국에서 부모님과 함께 사는 학생이라도 살다보면 부모님이 불화를 겪어서 곤란한 경우가 있을 것입니다. 마찬가지로 나를 데리고 있는 미국의 호스트 가정도 그런 상황이 일어나지 않으리란 법이 없습니다.

교환학생의 경우에는 미국 재단이 실질적인 보호자입니다. 만약 호스트 가정이 이혼을 하게 되면 새로운 호스트 가정으로 변경이 가능합니다. 과거 사례를 보면, 이혼하는 어느 한 호스트를 따라서 이동한 경우도 있었고, 새로운 가정으로 배정된 경우도 있었습니다.

이혼에까지 이르지 않더라도 만약 나의 호스트 가정이 부부싸움을 자주 한다든지 하여 생활이 불편하다면 재단에 요청하여 새로운 호스트 가정으로 옮길 수 있습니다.

단, 새로운 호스트로 옮기고 싶은 사유가 발생하였을 때 기존 호스트 몰래 진행하려 하지 말고 허심탄회하게 이유를 밝히고 기존 호스트의 동의하에 옮기는 것이 좋습니다. 그들의 프라이버시 및 자존심을 지켜주어야 하기 때문입니다. 솔직하게 옮기고 싶은 심정을 털어놓으면 기분 나빠 하기보다 미안해하면서 새로운 호스트를 찾는 과정에 협조해 줄 것입니다.

교환학생으로 나간
우리 아이에게 미국인
여자 친구가 생겼다고
합니다. 어떻게 하면
좋을까요?

★　모든 교환학생 재단들이 교환학생의 이성교제를 금하고 있습니다. 이때, 이성교제라는 것은 단순한 친구 사이를 넘어서서 연인 관계를 형성하는 것을 말합니다. 미국의 공립학교는 한국 학생의 눈으로 보기에는 개방적인 듯한 부분이 있을 수 있습니다.

그러나 남학생과 여학생이 친구 관계(friend)를 넘어서서 연인 관계(boyfriend or girlfriend)에 이른다면 이는 또 다른 문제(sexual activity)를 야기할 수 있기 때문에 막는 것입니다.

미국 친구가 운전을
가르쳐 주려 합니다.
배워도 되나요?

★　모든 교환학생은 운전을 배울 수 없습니다. 미국은 대부분의 주에서 16세부터 운전면허 취득을 허용합니다. 미국 고교생들은 스쿨버스로 학교를 다니기도 하지만 스스로 운전하여 학교를 다니는 학생들이 많습니다. 그들은 교환학생이 운전면허 취득이 금지되어 있다는 것을 모르고 운전을 가르쳐 주려는 경우가 있습니다.

그럴 때 반드시 "NO!"라고 거절해야 합니다. 과거 여러 차례 교환학생 참가자가 운전을 배우다가 위험에 처한 사례가 있기 때문에 운전은 가장 강력하게 금지하는 행동규칙의 하나입니다. 모든 종류의 차량 운전이 금지되고, 차량에 준하는 어떤 운반도구의 운전도 금지됩니다.

FACE 재단의 금지 규정을 예로 들면 아래와 같습니다.

학생은 FACE 재단의 관리 하에 있는 동안 자동차, 오토바이, 또는 어떠한 종류의 전동 이동 수단(자동차, 모페드, 스쿠터, 오토바이, 비포장도로용 오토바이, 스노모빌, 제트스키, 4륜 산악 오토바이, 모터보트, 항공기, 타고 운전하는 잔디 깎기 기계, 골프 카트, 그리고 모든 종류의 레저 차량)을 운전할 수 없습니다.

1. 학생은 FACE 프로그램에 참가하는 동안 고등학교 운전면허 교육을 받거나 운전면허 학원을 통해 면허증을 취득할 수 없습니다.

2. 학생은 FACE 프로그램에 참가하고 있는 동안 또는 프로그램이 종료될 때쯤 자동차를 사거나 빌릴 수 없습니다.

The student may not drive any car, motorcycle, or any other motorized vehicle while under the sponsorship of FACE. (This includes automobile, mopeds, motorized scooters, motorcycles, dirt bikes, snowmobiles, jet skis, all-terrain vehicles, motorboats, aircrafts, riding mowers, golf carts and all motorized recreational vehicles.)

1. Participation in high school driver's education course or the acquisition of driver's license through a private driving school while on the FACE program is not permitted.

2. The student is not allowed to rent or purchase a vehicle while on the FACE program or at the end of the Face Program.

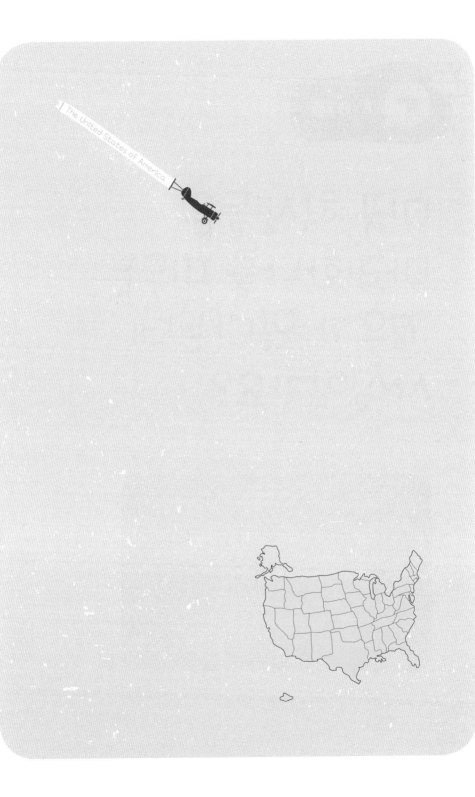

미국 학생들은 마리화나를 피우는 경우가 많다는데 사실인가요?

★ 미국 공립학교의 경우 마리화나를 하는 학생이 종종 있습니다. 대도시일수록 더 보편적이지만 작은 시골도시의 경우에는 흔하지 않습니다. 교환학생이 배정되는 곳은 LA, 뉴욕처럼 대도시가 아니기 때문에 흔하게 접할 수는 없지만 마리화나를 하는 학생을 가끔 볼 수 있습니다. 마리화나(Marijuana)라고 하기도 하고 위드(Weed)라고도 합니다. 미국의 대부분 주에서는 18세 이상부터는 흡연(Smoking)을 허용하기 때문에 12학년 학생 중에는 흡연 또는 마리화나를 하는 학생이 있을 수 있습니다.

그러나 교환학생은 어떤 경우에도 흡연, 마리화나 등이 허용이 안 됩니다. 친구들의 생일파티에 초대되어 흡연을 권하면 정중하게 "No, Thank you!" 하기 바랍니다.

Key Word & Tip

교환학생에게 금지된 3D란?

교환학생은 운전(Drive), 마약(Drug), 음주(Drink)를 할 수 없다. 다른 어떤 행동 규칙의 위반보다 엄하게 처벌하기 때문에 3D라고 한다. 3D 중 한 가지라도 위반하게 될 경우 즉시 프로그램에서 아웃되고 귀국 조치될 수 있다.

교환학생 기간 중 친척 집으로 여행을 할 수 없나요?

★　교환학생은 원칙적으로 호스트와 동반하거나, 학교 선생님, 지역관리자 등과 함께 하지 않으면 어떤 여행도 허락되지 않습니다. 친척집을 혼자서 방문한다는 것은 매우 위험한 일일 수 있기 때문입니다. 또한 친척이 호스트 가정으로 찾아오는 것도 허락되지 않습니다. 학생의 독립적인 발전을 방해할 수 있고, 호스트 가정의 프라이버시가 침해될 수 있기 때문입니다.

　호스트와 동반하거나 학교 선생님, 지역관리자 등과 함께 하여 안전하다고 생각되는 여행이라도 한국 부모님의 여행 허가서를 다시 한 번 받고서 진행합니다. 자녀가 미국 교환학생으로 나가 있는 경우, 학교에서 진행하는 수학여행, 재단에서 진행하는 친목여행, 호스트 부모와 함께 하는 가족여행 등의 기회가 있을 수 있습니다.

　이 모든 경우에 한국의 부모님이 여행을 허락하는 동의서를 보내 주셔야 합니다. 미국 교환학생 프로그램의 제일 큰 원칙 중 하나가 '안전(Safety)'입니다.

Q ★ 078

미국에 갈 때 노트북을 가져갈 수 있나요?

★ 요즘에는 대부분의 미국 재단들이 노트북, 휴대폰 등을 가져 오는 것을 허용합니다. 몇 년 전에는 대부분 허용하지 않았습니다. 허용하지 않았던 이유는 노트북을 가져오면 학교숙제 등의 목적 으로 사용하기보다 게임을 하거나, 채팅을 하여 미국 생활 적응에 방해되는 경우가 많았기 때문입니다. 그렇지만 이제 학생들의 권 리를 존중하는 차원에서 노트북, 휴대폰 소지를 허용하는 재단이 많습니다.

만일 이미 사용하는 노트북이 있다면 가지고 가는 것도 좋지만, 일부러 사서 갈 예정이라면 한번 더 생각하시기 바랍니다. 미국 호 스트 가정의 컴퓨터를 이용해서 학교숙제를 할 수도 있고, 미국 현 지에서 구입하는 것이 더 저렴할 수 있습니다.

어떤 경우에라도 노트북, 휴대폰은 사용을 절제하는 것이 중요 합니다. 미국 호스트 가정과 어울리는 것을 방해하는 제일 큰 유혹 이 노트북, 휴대폰입니다. 자기 방에서 노트북, 휴대폰에 빠져 있 는 교환학생을 좋아하는 호스트는 없습니다.

교환학생도
학교 운동부에
들 수 있나요?

★   교환학생은 모든 학교 스포츠 활동에 참가할 수 있습니다. 그러나 학교 대표(Varsity)가 될 수 있는지는 주마다 다르기 때문에 알 수 없습니다. 즉 예를 들어 축구(Soccer) 팀에 들어가는 것은 가능하지만 축구부 대표로서 지역대회에 참가할 수 있는지는 확인할 수 없습니다. 다른 스포츠 활동도 마찬가지입니다.

또한 운동부에 들거나 모든 활동(Activity)을 할 때는 호스트 가정의 협조가 필요합니다. 호스트 가족의 사정에 의하여 차로 데려다주기가 어려울 경우 활동이 제약을 받을 수 있습니다. 때로는 이웃집, 학교 친구들의 도움으로 이동하는 것을 해결할 수도 있습니다.

교환학생도 아르바이트를 할 수 있나요?

★ 교환학생은 체류기간 동안 직업을 가질 수 없습니다. 정규직 뿐만 아니라 아르바이트(맥도날드 서빙 등)도 할 수 없습니다. 하지만 이웃집 부탁으로 잔디를 깎아 주었는데 용돈을 받았다든지, 이웃집 아기를 돌보았더니(baby-sitting) 용돈을 받았다는 경우는 상관이 없습니다.

미국은 자기 자녀에게도 집안일을 도울 경우 용돈을 주기도 하고, 이웃에게 서로 도움을 요청하는 경우가 흔합니다. 도움에 대한 보답으로 받는 용돈은 상관없습니다.

Key Word & Tip

이웃집 아기 돌보기(baby-sitting)

교환학생 중에는 이웃집 아기 돌보기를 경험하는 경우가 많다. 기저귀를 갈아 줘야 하는 어린 아기 돌보기가 아니다. 미국은 주에 따라 다르지만 대체로 만 12세 이전의 자녀를 홀로 두고 외출을 할 수 없다. 따라서 부부가 외출을 해야 하는 경우 만 12세 이하의 자녀가 있는 가정에서 옆집 청소년의 도움을 받는 경우가 흔하다. 옆집에 가서 어린 자녀들과 어울려 놀기만 해도 용돈을 받는 즐거운 체험이 베이비 시팅이다.(물론 용돈을 못 받을 수도 있다.)

교환학생은 반드시 홈스테이를 해야 하나요? 보딩스쿨에 갈 수는 없나요?

★　국무부 규정에 의하면 미국 가정에 살거나 보딩스쿨에 갈 수 있다고 되어 있습니다.(Students live with an American host family or at a U.S. boarding school.) 그러나 현실적으로 미국 보딩스쿨들이 까다로운 국무부 규정을 지키면서 교환학생을 받으려는 경우가 거의 없기 때문에 교환학생은 자원봉사 홈스테이 가정에서 생활하는 것이 일반적입니다.

예외적으로 국제학생이 없어서 문화적 다양성이 부족한 일부 보딩스쿨의 경우 교환학생에게 문호를 개방하기도 합니다. 위스콘신, 오레건의 일부 공립학교에서 기숙사를 구비하여 기숙교환학생을 받는 사례가 있습니다.

이 경우는 미국 교환학생 재단이 국무부 J-1비자의 스폰서기관이 됩니다. 즉 기숙사 생활을 하지만 보호자는 미국 교환학생 재단이 되므로 교환학생으로서의 엄격한 금지 규정(술, 담배, 운전 등)이 적용됩니다.

[사례 : 위스콘신 레이디스미스 고등학교(Ladysmith High School). 인구 1만 명의 소도시라서 재학생들에게 문화적 다양성을 부여하기 위하여 기숙사를 오픈 한 경우. 1인 1실의 아늑한 기숙사에 한국, 중국, 우즈베키스탄 등 8개국 교환학생 유치. 단 기숙사비는 별도로 부담해야 한다. 낯선 미국 가정 홈스테이 생활이 부담스러운 학생, 학업에 좀 더 열중하고 싶은 학생에게 추천할 만하다.]

교환학생 이후
미국으로 재유학을
하는 방법에는
어떤 것이 있나요?

★ 국무부 교환학생은 1년밖에 보장이 되지 않습니다. 그런데 교환학생 이후에 미국 교육 시스템이 잘 맞아서 계속 유학하고 싶은 학생이 많이 있습니다. 이런 경우에는 사립 교환학생, 홈스테이 가디언 유학, 보딩스쿨 유학 등의 방법이 있습니다.

사립 교환학생은 미국교환학생협의회(CSIET)에 등록된 비영리 재단이 학교와 호스트 가정을 찾아 주고 국무부 교환학생과 같은 방식으로 관리하는 유학 프로그램입니다. 미국 재단이 학교와 호스트를 찾아주기 때문에 대체로 저렴한 시골도시의 학교가 많습니다. 엄격한 관리가 이루어지는 반면 대학 진학을 위한 어드바이스가 부족하기 쉽습니다.

홈스테이 가디언 유학은 미국인 가정에서 홈스테이를 하되 한국인 교포 가디언에 의한 관리가 이루어지는 유학 형태입니다. 교포 가디언들이 미국 재단에 비하여 더 세심하게 학생을 관리하는 경우가 많습니다. 대도시에 인접한 경우가 많아서 입시 컨설팅 등을 받으면서 유학생활을 하기에 편리합니다.

보딩스쿨 유학은 교환학생 경험을 통해서 홈스테이 생활이 맞지 않는다고 판단되는 경우에 많이 선택합니다. 대체로 학비 및 기숙사비를 합치면 4만 달러를 상회하는 학교가 대부분입니다.

미국 국무부 교환학
생을 신청하였는데,
공립이 아니라 사립
학교에 배정되는 수
도 있나요?

★   교환학생 지원서에 '사립학교가 배정된다면 받아들이겠느
냐?'라는 질문이 있는 경우가 많습니다. 받아들이겠다고 대답하였
다면 사립에 배정될 확률이 높습니다.

최근 미국 경기 침체로 교환학생 호스트 가정이 많이 줄어들고
있습니다. 또 사립학교에 다니는 미국 학생들이 공립으로 옮겨 오
는 경우도 많아서 공립학교보다는 사립학교에 결원이 많기 때문
에 사립학교에 배정되는 경우도 늘어나고 있습니다.

아이가 식성이 완전
토종입니다. 홈스테이
가정으로 한국 음식을
보낼 수 있나요?

★   한국 음식을 보내는 것은 신중히 판단하셔야 합니다. 우선 처음 1~2개월은 보내지 않는 것이 좋겠습니다. 하지만 아이가 호스트 가정에 잘 적응하고 있다면 호스트에게 허락을 받은 후 보낼 수도 있습니다.

호스트에게 '한국의 음식문화를 알려주고 싶다'고 하면서 허락을 받으면 좋겠습니다. 한국의 컵라면은 미국 사람들도 대부분 좋아합니다. 호스트 가족과 함께 나눠 먹으면서 문화교류의 기회로 삼기 바랍니다.

한국 음식을 항공우편으로 보내는 것은 비용도 많이 드니까 잘 확인해 보셔야 합니다. 또한 최근에 미국 내 대형마트에서 한국식 식재료를 파는 경우도 있고 한국인이 경영하는 식품 택배회사를 통해서 주문배달도 가능하니 참고하시기 바랍니다. 과거 어떤 학생은 본인이 한국 음식이 너무 먹고 싶어서 호스트 가족들에게 하루를 '한국 음식의 날'로 하자고 제안하여 호스트 가족들과 함께 마트에 가서 재료를 사서 불고기를 해서 먹은 경우도 있습니다.

최근 미국에는 웰빙푸드에 대한 관심이 높아져서 한국 음식에 관심을 가진 가정도 많습니다. 다만, 김치류 등은 특유의 냄새 때문에 싫어할 수 있으니 주문하기 전에 꼭 호스트 가족의 의향을 확인하여야 합니다.

교환학생에 참가 중인
아이에게 재단이
경고장(warning letter)을
보내왔습니다.
어떻게 해야 하나요?

★ 교환학생이 학교, 홈스테이 가정 등에서 생활하면서 규칙을 제대로 지키지 못하면 경고장(warning letter)을 받을 수 있습니다. 예를 들어 학교에서 학업을 잘 따라가지 못하여 C 미만의 성적을 받는 경우, 호스트 가정에서 지켜야 할 규칙을 어기면 학교 또는 호스트 가정에서 재단으로 학생의 위반 사항에 대해서 통보하고, 그에 따른 조치로 재단은 경고장을 학생에게 줄 수 있습니다.

이러한 경고장(warning letter)은 보통 2주에서 한 달 정도의 경과 기간을 거치면서 학생이 잘 지키고 있는지를 봅니다. 만약 달라지는 사항이 없다면 좀 더 심한 경고장(probation letter)을 주게 되며 그래도 달라지지 않으면 강제귀국 조치로 이어질 수 있습니다. 위의 절차가 일반적이지만 재단에 따라서, 혹은 위반행위의 경중에 따라서 절차는 달라질 수 있습니다.

Key Word & Tip

경고장(warning letter)을 받게 되는 사례

- 귀가시간(curfew time)을 잘 안 지킨다.
- 밤늦게 컴퓨터 게임을 하고 호스트 가족과 잘 안 어울린다.
- 학교 숙제를 게을리하고 학업 성적이 나쁘다.
- 욕설 사용, 지각, 복장 불량 등의 경우

호스트 가정에서
일요일에 교회를
가자고 하는데 꼭
따라 가야 할까요?

★　교환학생 프로그램 규정에 의하면 호스트가 종교를 강요할 수는 없습니다. 하지만 정기적으로 일요일에 교회를 가는 호스트 가성이라면 거부하지 말고 같이 교회에 가 볼 것을 권합니다.

종교적인 목적이 아니라 학생 혼자서 집에 남겨지면 불안하기 때문에 같이 가자고 하는 경우일 수도 있기 때문입니다.

미국 문화의 또 다른 체험을 한다는 마음으로 미국 교회에 가보는 것도 미국 사람들과 더 친근하게 지내는 통로가 될 수 있을 겁니다.

저는 독실한
크리스천이라
일요일에는 꼭 교회를
가고 싶습니다.
가능한가요?

★ 미국 가정은 크리스천 가정이 많기 때문에 교회를 가는 걸 희망하는 교환학생이 어려움을 겪는 경우는 거의 없습니다. 하지만 드문 경우에 크리스천이면서 주일 교회 참석을 게을리하는 가정도 있습니다. 그럴 경우에는 이웃 가정의 도움을 받아서 교회 참석을 하도록 요청할 수 있습니다.

특이한 사례로, 교환학생이 배정된 곳이 한인 커뮤니티와 가까워 한인 교회에 가고 싶다고 하였는데 호스트가 데려다 주지 않는다고 한 경우는 있습니다. 이는 호스트의 뜻이라기보다 재단에서 반대한 경우였습니다. 미국 재단 입장에서 한인 교회 참석은 미국 문화를 배우는 원래 취지에 반한다고 생각했기 때문입니다.

호스트가 배정되어
집 사진이 왔는데
집이 작다고 아이가
실망합니다.
어떻게 해야 하나요?

★　호스트가 배정되고 나면 호스트 집 사진 또는 가족 사진을 보내오는데 간혹 본인의 기대와 달라 실망하는 경우가 있습니다. 이는 학생 본인이 너무 큰 기대, 환상을 가지고 있었기 때문이라 할 수 있습니다. 미국의 가정은 우리가 영화에서 보는 멋진 집도 있지만, 들판에 외딴 컨테이너 하우스처럼 보이는 집도 많습니다. 아파트 생활에 익숙한 한국 학생들의 눈에는 미국 가정의 거실이 더 어수선해 보이고 지저분해 보일 수도 있습니다.

하지만 모든 교환학생 호스트 가정은 편안한 숙식과 따뜻한 배려의 마음을 가진 좋은 가정들입니다. 호스트 이웃집이 더 멋지다고 해서 내가 불행하다고 생각하거나, 한국 집과 비교해서 불편함을 참지 못한다면 교환학생 생활이 더 힘들어집니다.

마치 부모님을 선택해서 태어난 게 아니듯 호스트 가정도 하늘이 맺어준 고마운 인연이라 생각하고 감사한 마음을 가지면 모든 게 다르게 보일 것입니다. 이웃집보다 조금 작은 집이라도, 컨테이너 하우스처럼 멋없는 집이라도 나의 부모가 되어 준 고마운 호스트 가정이라고 생각하면 행복한 공간으로 느껴질 것입니다.

지역 관리자(Regional Director)가 뭔가요? 또 로컬 코디네이터 (Local Coodinator)가 무엇인가요?

★　미국 교환학생 재단의 조직 시스템은 대체로 본사(Head Quarter)-지역 관리자(Regional Director)-Local Coodinator로 구성되어 있습니다. 한 지역 관리자는 대체로 2~3개 도시에 걸쳐서 여러 명의 로컬 코디네이터(Local Coodinator)를 관리합니다. 한 명의 로컬 코디네이터는 5~6명의 학생과 홈스테이를 관리합니다. 규모가 작은 재단은 RD가 없이 바로 '본사-LC' 구조로 되어 있는 경우도 있습니다.

로컬 코디네이터(Local Coodinator)와 사이가 안 좋으면 불이익이 있나요?

★ LC(Local Coordinator)는 재단 본사, 지역 관리자(Regional Director)보다 더 나와 긴밀한 사이에 있는 사람입니다. 실질적으로 LC가 호스트 가정을 찾고, 학교를 찾아준 사람이라고 할 수 있습니다. 내가 지내는 동안 어떻게 지내는지 가장 가까이에서 관찰하는 LC와 사이가 안 좋다는 것은 본인에게 무척 힘든 상황이라 할 수 있습니다. 왜 사이가 안 좋아졌는지 곰곰이 생각해 보고 가급적 그 관계를 회복하도록 노력하기 바랍니다.

기본적으로 LC는 학생이 교환학생 생활을 행복하게 영위하기를 바라기 때문에 처음에는 사이가 좋았을 것입니다. 그런데 만약 학생이 태도가 불량하거나, 호스트와 트러블을 일으킨다든지 하여 문제적 교환학생으로 판단되면 무척 엄격해집니다. LC가 엄격한 태도를 취하면 학생은 부모님께 LC와 사이가 안 좋다고 호소하는 경우가 많습니다.

교환학생을 떠나기 전에 출국 오리엔테 이션을 한다고 하는데 꼭 참석해야 하나요?

★ 출국하기 전 국내에서 오리엔테이션 하는 것을 '출국 전 오리엔테이션(Pre-departure orientation)'이라고 합니다. 대부분의 교환학생 재단이 이를 의무적으로 참가하도록 합니다. 오히려 이런 규정이 없는 재단이나 유학원이 있다면 피하셔야 합니다. 출국 전 오리엔테이션은 매우 중요합니다. 반드시 참석하셔서 미국 교환학생 생활을 위한 사전교육을 받으시기 바랍니다.

출국 전 오리엔테이션은 대체로 미국 호스트 가정/학교/에티켓에 대한 교육, 기존 참가 선배들의 경험담 등으로 이루어집니다.

미국에 입국하고 나면 다시 '도착 오리엔테이션'을 한 후 호스트 가정으로 배정됩니다.

한국의 유학원 중에는 출국 전 오리엔테이션과 함께 사전교육 등을 진행하는 곳들도 많이 있습니다. 교환학생 참가를 결정하였다면 학교 공부가 바쁘더라도 사전교육도 받아 보는 게 도움이 될 것입니다.

교환학생 체류 중인데
지역 봉사활동이
의무라고 합니다.
사실인가요?

★　미국 국무부가 요구하는 의무사항은 아닙니다. 교환학생 재단에 따라서 체류 중인 학생들에게 일정 시간 이상의 봉사활동을 의무화한 곳이 있습니다. 이는 교환학생에게 진정한 문화교류의 실천을 위해서 요구하는 사항으로 해석할 수 있습니다.

Q ★ 093

교환학생 호스트
가정은 하숙비를
전혀 받지 않는다고
들었는데 사실인가요?

★ 네. 사실입니다. 그렇지만 부양가족 공제 혜택을 정부로부터 받기 때문에 월 50달러 정도의 세금 공제 혜택을 받습니다.

(All host families who pay the costs of a student who lives in their home may deduct up to $50 for each school month on their tax return.)

아울러 세금 공제 혜택보다 더 큰 정신적 보상을 받기 때문에 기꺼이 호스트를 자원하는 가정이 많습니다.

(The rewards of hosting a student are profound. Until a family has had the experience, it is hard to imagine seeing the bond a host family can create with a teenager from another part of the world. Having an international student in your home will allow your family to gain understanding, acquire knowledge, and learn skills needed to live in our culturally diverse world.)

호스트 가정은 대체로 어떤 사람들인가요?

★ 호스트 가정은 다양합니다. 어린 자녀가 있는 가정도 있고, 또래 정도의 자녀가 있을 수도 있고, 아예 자녀가 없는 가정도 있습니다. 부모님이 다 있는 가정도 있지만 싱글맘, 싱글대디 가정도 있을 수 있습니다.

예를 들어 싱글맘, 싱글대디 가정에 배정될 때는 대체로 2명의 교환학생을 배정합니다(double placement).

호스트 가정은 종교적 배경, 인종적 특징, 경제적 상태도 매우 다양하지만 모두가 마음을 열고 우리 학생들과 문화적 교류를 하고자 하는 가정들입니다.

따라서 참가 학생 또한 오픈 마인드를 하는 것이 매우 중요합니다.

(Host families come in all shapes and sizes. Some families have young children, high school aged children or no children at all. Some families have two parents and other have a single parent. Families come from all religious backgrounds, ethnicity types and economic statuses. It is important for students to keep an open mind about the type of family they will have.)

Q ★ 095

교환학생은 지역
선택이 가능한가요?
우선 배정 보장
프로그램은 뭔가요?

★　교환학생은 미국 전역에 골고루 배정됩니다. 국무부 통계 자료에 따르면 미시건주가 배정 1위 지역이기는 합니다만 미국 전역에 배정될 수 있다고 생각하여야 합니다. 알래스카로 배정된 사례도 있습니다.

미국은 전 지역이 사는 수준이 고르고 사회기반 시설이 다 잘되어 있습니다. 또한 동부 억양, 서부 억양 등 지역에 따라서 영어가 조금씩 다른 발음이 있지만 우리처럼 사투리로 놀린다거나 하는 일은 없기 때문에 어느 지역을 편애할 필요는 없습니다.

그래도 특정 지역으로 배정되기를 원한다면 지역 선택을 해 주는 재단이 있습니다. 단, 추가비용을 지불하여야 지역 선택을 보장해 줍니다.

또한 교환학생의 가장 큰 단점 중 하나인 배정의 불확실성을 없애고 100퍼센트 배정 보장을 해주는 재단도 있습니다. 역시 추가비용을 더 지불하여야 합니다.

교환학생 생활 중 문제가 생기면 누구와 상의해야 하나요?

★　만약 학교에서 문제가 있다면 선생님이나 카운셀러와 상의하면 됩니다. 그들은 학교생활을 잘할 수 있도록 도와 줄 것입니다. 또한 학생들은 호스트 가족들과 의논할 수 있습니다.

혹시 향수병을 느끼면 즉시 호스트 가족과 의논하고 가족 활동에 더 깊이 참여하거나 지역 커뮤니티 활동에 더 활발히 참여함으로써 극복해 나갈 수 있습니다.

만약 호스트 가정과 얘기하는 것이 편하지 않다면 교환학생 재단의 지역 관리자에게 고충을 얘기하면 됩니다. 호스트와 학생들 사이에서 문제를 조정하는 것이 그들의 의무입니다.

(Students have many people who they can talk to if they are having problems. If a student is having a problem at school they can talk to their teachers or the guidance counselor. They can help create a plan for how to do well in school and help you work through any problems you are having adjusting to the new school and community. Students should also talk to their host family when they are having problems. If a student is feeling homesick, they should tell their host family and try to get involved in the family activities as well as activities at school or in the community. The more that student's talk about their feelings, the better their host family will be able to support them during this time of adjustment.)

미국 교환학생으로
가서 미국 고교를
졸업할 수도 있나요?

★   미국 교환학생은 11학년 이상을 마치면 참가할 수 없습니다. 따라서 교환학생으로 참가하여 졸업을 한다는 것은 학년을 건너뛰는 것으로 여겨지기 때문에 대부분의 교환학생 재단들이 졸업이 불가하다거나 보장할 수 없다고 답합니다.

그렇지만 간혹 12학년에 배정된 교환학생에게 학교에서 졸업장을 수여하는 사례가 있습니다. 만약 그 학생이 한국에서 11학년을 다 마친 학생이라면 결과적으로 12개 학년을 다 마친 셈이므로 미국 커뮤니티 칼리지(Community College) 경우에는 신입생으로 입학을 받아 주는 사례도 있었습니다. 그러나 이 모든 것들이 일반 유학처럼 보장되는 것이 아니므로 아예 졸업할 수 없다고 판단하는 것이 안전합니다.

교환학생을 하고 나면 성격이 활발하게 바뀐다는데 사실인가요?

★ 미국 학교수업은 한국에서처럼 주입식 교육이 아닙니다. 토론식 수업이 대부분이며, 팀워크를 살리는 프로젝트 수업이 많습니다. 단순한 지식의 암기보다는 자신의 생각을 담은 발표를 중요하게 여겨집니다.

따라서 수업시간이 시끄럽고 떠들썩한 경우가 많습니다. 또한 스포츠 활동, 예능 활동 등 방과 후 활동을 하면서 적극적으로 학교생활에 임하기 때문에 자신도 모르는 사이에 활발한 성격으로 바뀌게 됩니다.

그래서 신기하게도 미국 교환학생을 다녀온 학생들은 영어 발표력도 향상되지만 우리말 발표력도 향상됩니다. 소극적이고 내성적인 학생도 적극적이고 외향적인 학생으로 변하게 됩니다.

호스트 가족이
나중에 한국으로
놀러오는 경우도
있나요?

★   교환학생과 호스트 가정은 일 년 동안 함께 생활하는 동안 많은 정이 들게 됩니다. 그래서 귀국할 때 호스트 가족이 따라와서 한국 여행을 하고 돌아가는 경우도 있습니다. 아니면 교환학생을 계기로 서로 페이스북(Facebook)으로 인연을 이어가다가 한국 여행을 오기도 합니다. 호스트 가족뿐만 아니라 교환학생으로 지내는 동안 만난 다른 나라의 교환학생과도 많은 교류를 합니다.

미국 국무부 장관이
직접 교환학생
참가를 권하는
연설을 했나요?

★　네, 그렇습니다. 2010년도에 미국 국무부 장관으로 재직한 힐러리 클린턴 여사가 직접 나서서 교환학생 홈스테이 가정을 격려하는 연설을 하였습니다. 그 연설 번역과 원문을 참고로 싣습니다.

[힐러리 클린턴 여사의 연설 번역문]

매년 세계의 수많은 젊은이들이 미국에 오길 희망하고 있습니다. 그들은 미국에서 진정한 미국 생활을 알길 원하고, 그들의 나라로부터 가져온 자신들의 생각을 함께 공유하길 원합니다. 교환학생을 긍정적으로 생각하고 받아주기를 원하는 호스트 가족들은, 단순히 그들의 가정으로 학생들을 받아들이는 것뿐 아니라, 우수한 어린 인재들에게 세계를 보는 시야를 확장하고 평생 지속될 사람과 사람의 다리 역할이 되고자 하는 것입니다.

교환학생 프로그램을 통해 구체화될 그들의 선의와 상호 이해는 세계적으로도 매우 중요한 시도입니다. 이러한 시민 외교는 방문 학생과 그들의 호스트가 함께 시작할 것이고, 그것은 미국과 해외의 공동체에 잔잔하게 퍼져나갈 것입니다. 많은 교환학생들이 미국에 대한 긍정적인 인상을 가지고 그들의 나라로 돌아가서 달라진 자신을 펼쳐 내고 그 나라의 리더로 성장하고 있습니다.

저는 이 리더들 중의 몇몇과 만나 그들이 경험한 것에 대해 열정적인 대화를 나누었습니다. 교환학생의 이러한 의미를 알고 있는 호스트 가족들과 저는 많은 미국인들에게 이러한 값진 가치를 실현할 수 있는 선택을 하도록 격려하고 있습니다. 편견을 버리고 경계를 무너뜨리는 새로운 소통의 길을 열 때 우리 자신뿐 아니라 세계를 풍요롭게 만들 것입니다. 들어주셔서 감사합니다.

[힐러리 클린턴 여사의 연설 원문]

Each year thousands of engaged young people from around the world travel to United Sates. Eager to learn about American life and share their perspectives from their own countries······ Families who welcome this exchanged students in to their home and hearts! Not only they reached their lives but exceptional Young people they help build people to people connections, that expands the globes and last for life time.

But goodwill generosity and mutual understanding, foster through exchange program are critical Meeting the challenges of today's world. Such citizen diplomacy may start with one visiting student and his or her host family······ but it ripples through out communities in the United States and abroad. Many exchange students return home with positive impression of America. And they go on and be leaders of their own countries. I met some of these leaders and they talk to me with great enthusiasm······ about what they experienced.

I think all the families who've already learned that when

you open the doors to exchange student you often meet life long friend, and I encourage many more Americans to make the choice to help showcase our values with those from other countries when we dispel stereotypes and we open new avenues of dialog across boundaries and the boarders······ we enrich ourselves and the world thank you very much.

Key Word & Tip

연설 원문을 직접 들어보기

아래의 링크를 참고

www.youtube.com/watch?v=YRP3PbaE-cA&noredirect=1